MUJERES VISIONARIAS

Corazón de Valor y Fortaleza

Janneth Hernández
Coordinadora
Antología #JEL Mujeres Visionarias

Miriam Burbano
Presidenta y Fundadora de #JEL

 @JEL2014/Jóvenes Escritores Latinos  escritoresjel

MUJERES VISIONARIAS
Corazón de Valor y Fortaleza

Editorial #JEL - Jóvenes Escritores Latinos - USA
info@mbc-education.com
Miriam Burbano, Presidente y Fundadora de #JEL
msburbano@gmail.com

ISBN: 978-1-953207-50-0

Impreso en USA
Editoras: Alexandra Reinoso & Carolina Campaña

 @JEL2014/Jóvenes Escritores Latinos  escritoresjel

Índice
MUJERES VISIONARIAS

Prólogo

Mujeres Visionarias es una bella antología, escrita por 22 mujeres valientes y luchadoras, de distintas nacionalidades, que mediante sus escritos narran su historia, de cómo vivieron sus procesos de transformación en esta sociedad, que sigue arraigada a viejas costumbres que en muchas ocasiones entorpece y retrasa el desarrollo del potencial de la mujer como ser humano.

Mujeres Visionarias donan sus historias y sus recursos para que la organización Corazón de Valor y Fortaleza logre equipar su laboratorio de computación al servicio de la comunidad de un barrio de Chicago. Este es un acto que prueba que ya han recorrido el camino de los retos y están listas para contribuir a las causas justas.

Por tal motivo, ellas nos incitan a ser mejores día con día, a ser tenaces y presentarse con su mejor versión. ¿Has tenido miedo alguna vez?, ¿Te has sentido menospreciad@?, ¿Te han hecho creer y sentir que no puedes lograr tus sueños?, ¿Has dudado de ti mism@?

¡Esto, que hoy las costuras de esta Antología dan a conocer, es para ti! Mujer, este es el momento de tomar acción para decidir por ti mism@ y nada mejor que tener enfrente de ti este tremendo grupo de mujeres, dispuestas a cambiar generaciones, a enfrentar miedos, a encaminarte al liderazgo, a mostrarte el camino para que llegues a tus metas, mujeres emprendedoras, valientes, intelectuales, trabajadoras e inspiradoras. Por lo consiguiente los exhorto a leer con gran detalle e interés esta antología, donde las autoras nos muestran formas sencillas y valiosas de qué pasos tomar para poder decir que en la vida nada es imposible cuando existe una luz de ilusión, esperanza, fuerza, fe, amor y acción.

Felicitaciones Mujeres Visionarias, Janneth Hernández, Ceili Tapia, Bertha Martínez, Antonia Hernández, Sandra Martínez, Trina Márquez Márquez, Piedad Guzmán Lamprea, María Magdalena Domínguez, Yareth García, Sonia Soriano, Alma Rosa Santana, Carmen Salazar, Yadira Díaz García, Adriana Santana Núñez, Karina Hernández, Adriana Peña, Yulissa Argueta, Isabel Fernández, Loran Sanpriet, Reyna G. Casarez, Rebeca Esther Deoses López, María R. Álvarez y Miriam Burbano.

Estas hispanas nacieron para hacer la diferencia en un país que les ha forjado y enseñado que la perseverancia te ayuda a conocer tu verdadera esencia y fortaleza. Agradezco enormemente por la invitación a escribir estas líneas. Tendrán en mí a una servidora por siempre cuyo propósito es donar algo bello al mundo en esta vida.

Sylvia E. Campos

Dedicatoria

Este libro está dedicado a todas y cada una de las mujeres que han enfrentado y superado cada obstáculo que la vida les ha puesto con dignidad, coraje y valentía.

En especial, dedicamos este libro a nuestras nuevas generaciones de jóvenes que serán el futuro de un mejor mundo.

Agradecimiento

Un agradecimiento especial para cada una de las co-autoras de esta obra, por creer en mí y en este maravilloso proyecto.

Su aporte a la organización y su generosidad son dignas de los más altos reconocimientos porque esta obra es para ayuda directa a la comunidad. Al mismo tiempo a la editorial #JEL - Jóvenes Escritores Latinos y a todo su equipo por el apoyo para poder hacer posible este gran sueño de forma generosa y creativa.

Gracias a cada uno de los patrocinadores por aportar su granito de arena y unirse a esta maravillosa causa.

En nombre de "Corazón de Valor y Fortaleza" y de toda la comunidad agradezco infinitamente que sean parte de este sueño hecho realidad.

Con cariño,

Janneth Hernández

Coordinadora de la Antología #JEL *Mujeres Visionarias*

De la Coordinadora #JEL Janneth Hernández

Janneth de nacionalidad Mexicana, nació el 31 de diciembre de 1982 y actualmente radica en Chicago Illinois desde el año 2002. En el 2013 fue certificada como Advocate (defensora) de Violencia Doméstica; es Fundadora y Directora de la Organización sin fines de lucro "Corazón de Valor y Fortaleza", localizada en

Chicago, Illinois, se dedica a ayudar a la comunidad con sus servicios, para el bienestar social.

Janneth es una mujer emprendedora y con su deseo incesante de superación se convirtió en el año 2015 en Entrenadora en Liderazgo y Desarrollo personal.

Autora y escritora del libro "Fortaleza Inquebrantable" desde noviembre del 2018, también es Mentora en Empoderamiento y Desarrollo personal, activista y organizadora comunitaria a favor del Respeto y la Igualdad de Género, es promotora del crecimiento y el empoderamiento de la mujer.

De la Presidente y Fundadora de #JEL, Escritora Miriam Burbano

Miriam Burbano nació en Ecuador; se ha dado a conocer por sus iniciativas sociales enfocadas a la paz, al desarrollo de grupos vulnerables en su propio país y en migrantes residentes en los Estados Unidos. Su personalidad y sus logros representan amor por los demás, se ha involucrado en diversas actividades, entre las que destaca internacionalmente, la Iniciativa de Jóvenes Escritores Latinoamericanos #JEL, incluye la edición y publicación, para dar voz a grupos sociales que, antes de ella, no tenían voz. En todas sus incursiones ha dejado su huella de mujer comprometida con la humanidad; Miriam Burbano vive intensamente los sueños de otros y los hace propios, acompaña a todo soñador en la conquista de sus propios sueños, su historia de vida nos hace sospechar que se convierte en héroe real y no es un personaje de ciencia ficción.

Miriam Burbano es educadora de profesión, tiene certificación ESOL (English for Speakers of Other Languages), por el Instituto de Lenguas de Oxford, asistió a la Universidad Estatal de California, en Los Ángeles, donde estudió Business Administration. Se siente comprometida en el proceso para empoderar a los Latinos, a través de la educación, educar a las mujeres es uno de sus propósitos constantes para romper el ciclo de la desigualdad social.

En el 2001, Miriam se convirtió en Co - fundadora de la Academia de Liderazgo, en un área marginada de Los Ángeles, trabajó en el Instituto de Política Juvenil, supervisando programas para más de 2,000 estudiantes, beneficiarios de servicios gratuitos en tutoría académica.

Ha trabajado en la Junta Directiva de varias organizaciones, sin fines de lucro, Miriam Burbano es fundadora de MBC - Education, organización dedicada al sublime arte literario para empoderar a la gente, a través de la fórmula lectura - escritura, de la educación y publicación de libros. Miriam Burbano es Co - fundadora de www.revolutionenglish.org que utiliza la tecnología para enseñar habilidades lingüísticas a estudiantes de todo el mundo. Actualmente es Directora del Departamento de Idiomas de la Universidad Politécnica Nacional.

Su arduo trabajo le ha valido recibir distintos reconocimientos, nacionales e internacionales, en el 2014 recibió el Premio "LOFT" de Maestros Innovadores, por parte de la Fundación de la Herencia Hispana, también ha sido galardonada con el premio "Líder 2014", por parte de la organización sin fines de lucro LA Future Leadership, Inc., dedicada al trabajo con jóvenes en áreas de liderazgo, comunicación y artes. En el 2015 recibió el Premio "Activista del Año", por la Unión de Guatemaltecos Emigrantes en América (UGE Américas), en el 2016 obtuvo el título de Embajadora de la Paz, otorgado por Le Cercle Universel de la Paix, Francia y el premio "Mujer Activista 2016", otorgado por la Asambleísta de California, Patty López.

En el 2017 Miriam recibió dos premios el primero el Tributo Ecuatoriano USA, en la ciudad de Nueva York y el segundo el Premio al Liderazgo, en la ciudad de Los Ángeles, de parte del Club Luz de América, en este reconocimiento compartió escenario con la ganadora del

Emmy, Norma Roque. Miriam Burbano es ecuatoriana que por azares del destino ha vivido en distintos países, se siente ciudadana del mundo, parte de su historia, nutre y se nutre del activismo, distintos líderes la denominan pilar Latinoamericano; su trabajo como activista no conoce banderas ni distingue idiomas, razas, religiones, clases sociales o preferencias personales.

A Miriam Burbano la vemos trabajando, sin distinción, con organizaciones de diferentes países, como fundadora de #JEL, su objetivo es crear activistas, su artillería es la literatura, las letras como herramientas; las publicaciones de jóvenes, obligan a los gobiernos para concientizarse de las necesidades de una nueva generación, #JEL es un tejido social, facilita materiales cuando es necesario trabajar en antologías, publicar libros y con talento engrandecer la cultura hispana, radicada en los Estados Unidos. #JEL tiene núcleos en los Estados Unidos, El Salvador, Colombia, Guatemala, Ecuador, Honduras y México.

Como escritora, ha dejado huella con "La Pequeña Casa Azul", un libro infantil, es autora de un poemario comunitario llamado "Cantando Medio Siglo", ha curado y coordinado proyectos literarios, destaca las antologías "Memorias Migrantes", "Héroes de CBO", "Cambiando el Mundo", "Como Salvar Nuestro Planeta ¡HOY!", "Rosas al Ritmo de la Esperanza" de la afamada organización del Desfile de las Rosas en Pasadena, "Cartas Al Presidente", "Girl Power", "Paremos la Violencia", entre otras. Ha publicado diversos poemas y ha recibido el título de "Vicepresidente y Faro de Paz", otorgado por el Instituto Internacional Manuel Leyva y la Sociedad Iberoamericana de Poetas, Escritores y Artistas (SIPEA).

Actualmente Miriam es Presidenta de la Asociación de Escritores Latinoamericanos (ADELA), con sede en Los Ángeles, California, Miriam Burbano es parte de la Junta Directiva de Latinas Public Service Academy - LAtinas, un programa dedicado a formar mujeres jóvenes, de origen latino, como futuras políticas. Fue presidenta de National Women Political Caucus, destaca su logro por la igualdad de género, en el área de servicio público; tema pendiente, en la agenda pública.

En su tiempo libre, Miriam enseña clases para el General Educational Development Test (GED) dirigido a la comunidad de adultos, a personas que no terminaron la preparatoria. Su tutoría les permite lograr el certificado de Educación General que les permite continuar sus carreras académicas en la universidad o el campo laboral de su preferencia. Miriam**De la Co-autora** Burbano tiene un sueño, quiere fundar una Cooperativa de Vivienda de Transición, para apoyar a las mujeres que, debido a la maternidad, no pueden continuar su educación universitaria. Tiene dos hijos, uno tiene título universitario en matemáticas y su hija es estudiante está cursando su doctorado en biología neurológica en la Universidad de Columbia, en Nueva York.

En su vida personal, la pasión de Miriam Burbano es trabajar en temas de justicia social, su labor estuvo orientada a que los indocumentados lograran obtener una licencia de conducir, la reforma migratoria y los esfuerzos por la dignidad y el respeto a los agricultores, son temas que la han llevado hasta el Vaticano a entregar cartas de indocumentados al Papa Francisco.

Miriam Burbano también ha recibido el título LÍDER SIN FRONTERAS de la organización UGE AMÉRICAS y es recipiente del Premio Juliano, el cual se entrega a personas que brindan el aporte social para alcanzar un mundo mejor.

No existen dudas de su trabajo, de su merecimiento, ni de la noble labor que aún sigue realizando, por aquellos con la voluntad para salir adelante, su aporte es incansable, digno de imitar, de reconocer y de compartir, para decir que Miriam Burbano es una completa heroína, producto real del amor, de su compromiso y amplio deseo de ayudar a través de la literatura.

Escrito por Manuel Olmos, Salvadoreño residente en Los Ángeles.

Janneth Hernández

Janneth de nacionalidad Mexicana, nació el 31 de diciembre de 1982 y actualmente radica en Chicago Illinois desde el año 2002. En el 2013 fue certificada como Advocate (defensora) de Violencia Doméstica; es Fundadora y Directora de la Organización sin fines de lucro "Corazón de Valor y Fortaleza", localizada en Chicago, Illinois, se dedica a ayudar a la comunidad con sus servicios para el bienestar social.

Janneth es una mujer emprendedora y con su deseo incesante de superación se convirtió en el año 2015 en Entrenadora en Liderazgo y Desarrollo personal.

Autora y escritora del libro "Fortaleza Inquebrantable" desde noviembre del 2018, también es Mentora en Empoderamiento y Desarrollo personal, activista y organizadora comunitaria a favor del Respeto y la Igualdad de Género, es promotora del crecimiento y el empoderamiento de la mujer.

El despertar de las mujeres
Por: Janneth Hernández

Todo logro empieza con la decisión de intentarlo ¿Por qué no soñar en grande?

Cuando era pequeña solía soñar con tantas cosas, esos sueños me transportaban a vivir momentos maravillosos, que claro estaban muy lejos de mi realidad porque como era mujer, no podía tener sueños ni ambicionar grandes cosas, mi lugar estaba en las labores de la casa, servir y atender a mis hermanos que eran hombres y se merecían todo, fue lo que se nos enseñó en casa.

En la actualidad las mujeres ya no solo nos dedicamos a los quehaceres del hogar; algo que yo en lo personal llamaría el despertar de las mujeres, porque el día que desperté descubrí que yo merecía mucho más que eso.

Hoy en día las mujeres hemos descubierto que tenemos un poder interior único, que con nuestro potencial podemos aportar mucho a la sociedad, trabajando fuera de nuestros hogares generando nuestros propios ingresos, siendo autosuficientes, autónomas, libres mientras cuidamos también de nuestros hijos y nuestra familia, si es que decidimos tenerlos, las mujeres hemos logrado ser indispensables para el fortalecimiento de la sociedad, ya no permitimos ser encasilladas en el estereotipo de la clásica mujer de casa estamos tomando conciencia sobre nuestro papel tan importante en la sociedad. Aunque todavía nos falta mucho camino por recorrer y mucho por lograr, tal vez te preguntarás pero ¿Cómo puedo ser esa mujer autónoma libre e independiente? ¿Cómo puedo lograr mi despertar? ¿Cómo puedo descubrir ese poder dentro de mí?

Alguna vez yo también me hice muchas veces esa pregunta, sí yo me pregunté lo mismo que tú te estás preguntando en este momento, sabes que un día mientras me hacía esa pregunta encontré la respuesta, claro después de hacerme la misma pregunta muchas veces.

¿Sabes cómo pude encontrar la respuesta? Dándome permiso de ser yo misma, conociendo quién era yo y buscando que es lo que me apasionaba, defendiendo mi personalidad y mi integridad de mujer pude descubrir ese poder dentro de mí, por lo tanto ¿cuál era mi propósito de vida? y poco a poco pude encontrar cómo lograr ese propósito.

Cuando llegué a los Estados Unidos ni siquiera tenía idea cuáles eran los retos a los que me enfrentaría, vine a este país al igual que muchas mujeres, llena de sueños e ilusiones y con muchas ganas de trabajar, pronto descubrí que trabajar no era todo, eso no era lo único que se necesitaba para sobrevivir en un país desconocido, tenía un trabajo, pero sentía que a un me faltaba algo más, así que me di a la tarea de buscar ¿qué era eso que me faltaba? Fue entonces cuando descubrí que, no había llegado a otro país solo para trabajar y ser una ama de casa más, sino para aportar algo más que eso, así que empecé a soñar en grande, muchas veces sentía que mis sueños eran inalcanzables, pero yo era aferrada y persistente así que yo seguí soñando, claro no basta solo con soñar, sino también buscar cómo vas a lograr esos sueños.

Una vez alguien me dijo que mis sueños eran guajiros y yo me quedé pensando ¿Qué quiere decir eso? Esas palabras resonaban en mi cabeza una y otra vez, hasta que encontré a alguien que me explicó que querían decir esas palabras.

Después de eso me dije "no, no puede ser un sueño inalcanzable tiene que haber una manera de hacerlo posible". Entonces descubrí que el poder está en ti, tú eres capaz de lograr lo que te propongas cuando tienes tus metas claras y sabes cuál es tu propósito en la vida, haces lo que tengas que hacer para poder llegar a donde quieres llegar.

Tener una visión clara de hacia dónde iba me ayudó a descubrir el poder que había dentro de mí y todo mi potencial que estaba desperdiciando, así que empecé a aprovecharlo, tenía que ver más allá de lo que tenía enfrente de mí y empezar a trabajar en lo que realmente quería ser, empecé a visualizar qué es lo que quería en los próximos años, donde me veía y qué pasos tenía que seguir para poder lograrlo, no bastaba solo con visualizarlo y quererlo; lo que sí tenía claro es que no quería ser una más del montón. Empecé a trabajar en mi propio desarrollo personal para poder empezar a crear los cambios que quería ver primero tenía que empezar por cambiar yo misma, aunque eso significara nadar contra la corriente y enfrentarme al mundo entero.

Porque déjenme contarles cuáles fueron los retos a los que me tuve que enfrentar por querer destacar del montón y salirme de las normas comunes, que me cerraran las puertas en muchos lugares, peleas con mi esposo, perder amistades porque su esposo se los prohibió porque yo representaba una mala influencia para ellas, entre muchas más.

Tener una visión diferente de la vida me ayudó a ser la persona que soy ahora, descubrí que podía ser una mujer autosuficiente, autónoma, libre, poderosa con derecho a vivir la vida que quisiera sin limitarme a ser quien quería ser, muchas veces nos dejamos llevar por lo que la sociedad espera de nosotras como mujeres: cásate, ten hijos, tu papel es ser solamente una ama de casa y hacerte cargo de tu familia; nos hacen creer que las mujeres nacimos para cumplir un papel en específico ser esposas, madres, amas de casa y no podemos ambicionar más que eso, hasta el día que tomas el control de tu vida y descubres ese poder que te fue negado. ¿Alguna vez has escuchado esta frase que dice debes de tener un hijo, escribir un libro y plantar un árbol para sentirte realizada en esta vida? No, yo pienso que no hay que tener hijos necesariamente, ni plantar un árbol, ni escribir un libro como suelen decirnos, solo hay que retomar ese poder que tenemos y tomar el control de nuestras vidas, cada quien decide la vida que quiere vivir y qué hacer con su vida, lo importante es que realmente seas feliz con la vida que decidas tener.

Y lo importante, debes de encontrar tu lugar en el mundo a lo largo de nuestras vidas, nos perdemos, muchas veces nos equivocamos, rectificamos, acertamos y volvemos a cometer errores, no pasa nada, en los errores está el aprendizaje más grande que podemos tener en la vida, sin errores no hay aprendizaje con cada paso que damos nos acercamos cada vez más y más al lugar que debemos ocupar en el mundo, quien no encaja en este mundo está cada vez más cerca de encontrarse así mismo.

Encontrarse a uno mismo significa tener confianza, aceptarse pero sobre todo conectar con nuestros más profundos deseos y sentimientos. Cuando encuentras ese lugar ya no puedes irte y como mujer tienes que hacerte valer, gritar fuerte si es necesario, empoderarte para recuperar tu lugar en el mundo, tus opiniones, tus necesidades, tus prioridades no necesariamente tienen que adaptarse a las que la sociedad refleja, tienes que defender siempre tu libertad, autonomía e integridad por encima de cualquier cosa, obstáculo o cadena que amenace tu libertad de acción y pensamiento.

Muchas veces te encontrarás con que no todo el mundo esté de acuerdo y que se escandalicen por tu manera de ser o de actuar, yo lo he vivido muchas veces, me he tenido que enfrentar a conocidos, amigos, familiares cercanos y hasta a mi propio esposo, también encuentro personas que junto a mí han encontrado el valor en mis acciones, se sienten inspiradas, fuertes y no porque seas diferente significa que eres menos, al contrario, eso significa que eres única, cuando empezamos a soltar nuestros miedos es entonces, cuando nos damos cuenta de que podemos construir todos nuestros sueños; lo peor que podemos hacer y lo que más nos limita es ser enemigas de nosotras mismas.

Diseña tu vida y defiéndela, recuerda que la verdadera lucha está dentro de ti.

"No te limites, lucha siempre por tus sueños"

Ceili Tapia

Nació el 13 de noviembre de 1980 en la ciudad de Atlixco, Puebla, con residencia en Chicago, es la mayor de cinco hermanos y ahora está bendecida como madre de cuatro hijos.

Mujer: soñadora, trabajadora, emprendedora, comprometida y con iniciativa, pero, sobre todo, es una persona resiliente, que ha salido adelante superando grandes retos en la vida, nunca perdió su esencia de una mujer con valores como: la honestidad, el respeto, la empatía, la humildad y la lealtad, que hacen a una persona confiable. Disfruta leer, motivación y superación personal, que encuentra en los libros fuerza e inspiración para ser mejor persona cada día, como ejemplo para sus hijos.

También disfruta hacer labor social y ser voluntaria en su comunidad; su propósito es convertirse en escritora, dar testimonio e inspirar a otras mujeres a superar la violencia doméstica, que con trabajo interno puedan perdonar lo imperdonable, esperando tocar las almas y la conciencia de muchas mujeres, jóvenes y niñas en el mundo, que han sufrido algún tipo de abuso.

Aprendiendo a vivir
Por: Ceili Tapia

Quiero empezar por agradecer a los lectores por tomarse el tiempo para leer este libro de historias de vida, me gustaría decir que si este libro está en tus manos es porque hay una razón y una esperanza para ti, algo bueno vas a aprender y probablemente te va a cambiar tu mente, tu corazón, tu alma y tu vida. Quiero compartir contigo algo que he experimentado en diferentes etapas de mi vida.

Solo quiero invitarte a que hagas tres cosas.

La primera: relájate, suéltate y respira profundamente sostén el aire por cinco segundos una, dos, y tres veces, ahora si podemos seguir.

Quiero decirte que todo va a estar bien, cualquier situación que estés viviendo en este momento va a pasar y después solo será un recuerdo.

Todo pasa, todos los seres humanos hemos pasado por alguna situación difícil que en su momento creímos morirnos y con el tiempo se nos pasó, puede ser: coraje, ira, resentimiento, enojo, preocupación, frustración o decepción, pero ¿sabes qué? usa estos sentimientos como ladrillos y construye una escalera, písalos e impúlsate para subir, úsalos como reto para mejorar, para cambiar y para despertar de donde estas, a veces es necesario una sacudida para que reaccionemos a la realidad y hagamos los cambios que necesitamos para estar mucho mejor. Después de la tormenta siempre viene la calma y todo lo que nos pasa en la vida son experiencias que necesitábamos vivirlas para aprender y a veces para poder ayudar a otras personas que lo necesitan.

Aunque nosotras no lo sabemos en esos momentos de crisis y muchas veces nos preguntamos "¿Por qué me pasa todo esto a mí?" pero la pregunta es "¿para qué?" Si los retos te llegan es porque tú puedes con eso, es porque tú tienes las herramientas y la fuerza para superarlo, de otra manera no te pasarían a ti.

La segunda: sé tú mejor amiga, cuídate a ti misma, porque si tú no lo haces nadie más lo hará, así te quiera mucho la persona que tienes al lado, tu amigo, tu novio, tu esposo, tu amante o a quien este contigo no puede cuidarte, amarte, respetarte si tú no lo haces primero; ve a una consulta con el dentista, al ginecólogo, al doctor a realizarte un examen físico, caminar 30 minutos al día por lo menos, ayuda bastante a despejar la mente y a ejercitar el cuerpo, es imprescindible cuidarnos de adentró hacia afuera ya que lo más importante eres tú.

Si tú no estás bien, tus hijos, tu familia, tu trabajo, tu negocio tampoco lo van a estar, de qué sirve traer las uñas arregladas, ropa de marca o una bolsa muy costosa si por dentro estás "que te lleva la que te trajo" casi siempre nos dejamos para después, primero están los hijos, el marido, el perro, la casa, la hermana, la amiga, la comadre y hasta la vecina y ¿tú, para cuándo?, tú también tienes derecho a ser feliz, tenemos que ponernos en prioridad, aprecia lo que superas y lo que lograste hacer, lo mucho que trabajas, cuando te esfuerzas para que tu familia esté bien, celebra los pequeños logros que alcanzaste, leyendo un libro, con una comida saludable, con un rato libre a solas, has el tiempo para ti, el día de tu cumpleaños regálate algo que disfrutes hacer, que el primer regalo sea el tuyo, es el más importante, no esperes que alguien más se acuerde.

Para mí es un ritual cada año y me siento muy contenta, agradecida y bendecida, es hora de que actúes y tomes responsabilidad de ti misma, valórate, quiérete, cuídate, cree en ti, edúcate y ámate, busca una motivación algo que te mueva, agárrate de tu fe de lo que tú creas.

Dios, el universo, la energía o la religión que practiques, siempre respetando a los demás, busca lo que a ti te funciona, porque a cada quien nos funciona algo diferente, puede ser alguien a quien tú admiras una mentora, libros, audios, vídeos, una película de comedia, salir a tomar un café con una amiga, la música, un deporte o un pasatiempo favorito.

Lo que tú sientas que te hace feliz que te pone contenta y te ayuda a sentirte mucho mejor, cuando lo encuentres practícalo muy frecuentemente para que puedas mantenerte así, la mayor parte del tiempo, con esa energía y buena actitud. La tercera: decide ser feliz hoy, "no dejes para mañana lo que puedes hacer hoy" no esperes a que todo esté bien o perfecto, a qué se resuelvan todos tus problemas, a qué tus hijos crezcan o se casen, no esperes el mejor momento para hacerlo.

Eso no va a pasar, cuando el tiempo ha pasado te arrepientes de lo que no hiciste y viene el síndrome del "y si" "si hubiera hecho esto y lo otro", te empiezas a sentir culpable y a lamentarte, el tiempo pasa muy rápido y un día te das cuenta de que han pasado 20, 30 o 40 años de tu vida.

La vida es muy corta para desperdiciarla, mejor aprovéchala al máximo y vívela, quiero decirte y animarte a que te atrevas a cumplir tus sueños, no importa la edad que tengas, ni de dónde vienes, siempre enfocada en lo positivo y en las ventajas, si eres joven aprovecha el tiempo que tienes, la energía, las ganas de aprender y todas las posibilidades, si eres mayor tienes la experiencia, la sabiduría, la intuición y la seguridad de saber qué es lo que quieres y lo que no.

Emprende ese negocio que tenías en mente, regresa a la escuela, aprende algo que te gusta, que te apasiona, algo que harías aunque no te pagaran, ser voluntaria en la escuela, en la iglesia, en una organización, ayuda a alguien, pero haz algo que te dé satisfacción y placer, eso si lo que sea que decidas hacer hazlo lo mejor que puedas no al "ahí se va nomás". Todas traemos un talento, todas tenemos un don de nacimiento, solo es cosa de que lo saques y te atrevas, con todo y el miedo que tengas, que el miedo no te detenga ni te paralice, piensa que lo peor que podría pasar es que no funcione y a eso que mucha gente llama fracaso es experiencia para lo que sigue, para que lo intentes una y otra vez, solo se empieza desde cero la primera vez, después vas tomando lo aprendido y si todavía se te complica algo no dudes en pedir apoyo, que no te dé pena ni pienses en lo que podría decir o pensar las demás personas, es mucho mejor haberlo intentado y fallar que quedarte con las ganas de nunca haberlo hecho.

El placer, lo aprendido y la experiencia de haberlo vivido nadie te la quita, todo lo contrario, te haces más fuerte, más astuta, más segura, más sabia, aumenta tu autoestima, te haces una mujer independiente y muy interesante.

Muchas veces la gente te crítica hagas bien o hagas mal y es por envidia, no solo por lo material sino como piensas como actúas, por tu carisma, tu amabilidad y hasta por lo que te comes y no engordas, por lo que tienes y por lo que no tienes también. Comentan que "ella tiene mucha suerte" "por eso le va bien", tú no te lo tomes personal y sigue adelante, a veces se necesitan muchos intentos para lograr algo o tener éxito, porque es un proceso, pero cuando lo logras te das cuenta de que valió la pena el esfuerzo y experimentas una sensación de logro, de haber podido alcanzar tus metas a pesar de las circunstancias y esta vez lloras, pero de felicidad porque te sientes bien, solo recuerdas el camino que cruzaste y se te dibuja una sonrisa que no lo puedes creer que a pesar de todo lo hayas podido lograr.

Y eso es un placer, siempre ten la disposición de aprender y déjate ayudar si lo necesitas, así que manos a la obra y recuerda que "lo que no te mata te hace más fuerte" tal vez estás pensando "si, es fácil decirlo pero más complicado hacerlo", yo te quiero decir que tú puedes lograrlo, empieza de donde estas con lo que tengas con lo que puedas, poco a poco un paso a la vez, pero haz algo.

Lo importante es tomar acción no te quedes con las ganas ni encerrada en esa caja de limitaciones o estancada en ese papel de víctima todo el tiempo, siempre hay opciones y posibilidades solo decídete y búscalas o créalas tu misma y verás que todo es diferente cuando cambias de actitud, las cosas se vuelven más fáciles y a tu favor.

Yo sé también que a veces es difícil por nuestra cultura, los pensamientos que nos inculcaron de niñas y los traumas que traemos del pasado, pero nosotras podemos romper esas cadenas y dejar un mejor legado a nuestros hijos y a las próximas generaciones. Y, por último procura siempre superarte más día con día y ser mucho mejor ser humano, mejor persona, toda mujer en este mundo merece ser feliz y sentirse bien.

Te deseo muchos, muchos éxitos y yo creo en ti y sé que pronto vas a lograr tus sueños, metas, objetivos, proyectos y todo lo que te propongas, tú puedes con eso y mucho más, bendiciones para ti y por favor nunca, nunca, nunca te rindas ni te des por vencida.

Nota importante

Yo Ceili Tapia te quiero hacer una última petición a ti lector, lectora por favor cuando acabes de leer este libro, no lo dejes guardado o arrumbado en un mueble mejor pásalo, regálalo a otra mujer que tú creas que puede servirle.

Yo te lo agradezco de todo corazón y la vida también te lo agradecerá por ser parte del cambio y tomar acción para poder ayudar a otra mujer, yo confío en ti y sé que lo vas a hacer.

Bertha Martínez

Bertha nació el 19 de mayo de 1977, en el estado de Chiapas, México, llegó a Estados Unidos en marzo de 1997 actualmente radica en Carolina del Norte. Sus padres la educaron con altos principios y valores, es una mujer soñadora a la que este gran país le ha dado grandes oportunidades gracias a su perseverancia y deseos de superarse Bertha se certificó el 01 de septiembre del 2019 cómo Facilitadora de Barras de Access, después el 20 de marzo se certificó también cómo instructora de español, para después continuar con su aprendizaje que la llevaron a convertirse en Coach Ontológico el 22 de noviembre del 2020, Bertha también es escritora del libro "Desafíos en mí caminar" desde el 29 de agosto del 2021.

Apasionada en poner al servicio de los demás todos sus talentos, unas de sus frases favoritas son "Es que todo tiene un principio y un final" y "sin acción no hay movimiento y sin movimiento no avanzas".

Bertha nos deja su correo electrónico: jenniferve1803@gmail.com

Ya estás vieja
Por: Bertha Martínez

El 2019 fue el año que marcaría el final de uno de mis más bellos proyectos de vida; el más joven de mis hijos cumplía 18 años y se graduaría de la High School, para mí era la culminación de un sueño que como madre, había guardado en mi corazón, para mi hijo, era el inicio de una nueva etapa, el momento de emprender su vuelo y tomar el timón de su vida, así como en su momento lo hicieron sus hermanas mayores.

Una tarde, decidí reunirme con un grupo de amigas y estuvimos charlando precisamente de nuestros hijos, cuánto habían crecido y los planes a futuro que se proyectaban, de pronto, mientras rememoramos aquellos instantes y cómo ha transcurrido el tiempo, nos miramos a los ojos, como buscando en cada una de nosotras las respuestas ante una pregunta silenciosa: "**¡Nuestros hijos se marcharían de casa!, dejando vacío el nido… ¿Y ahora qué?**"

Sin decir una sola palabra, percibí en la atmósfera como nuestros corazones se acongojaban tan solo con pensar en la partida, suspiramos profundamente mientras el silencio de la habitación desaparecía ante una pregunta fulminante realizada por una de las presentes, "**¿Y cuáles son sus planes de ahora en adelante?**" Nadie se atrevió a responder.

Aquella tarde, al regresar a casa, en mi pensamiento se repetía incesantemente esa pregunta, era cierto, ahora tenía todo el tiempo para mí, ya no había niños a quien entregarle mi tiempo... En búsqueda de una respuesta, descubrí que ante mí se presentaba también un nuevo camino, la oportunidad de volver a empezar, pues al haber dedicado muchos años a la familia, siendo madre, esposa, hija... **¡Había olvidado ser mujer!**

Retrocedí en el tiempo, a aquellos momentos cuando era niña y al indagar dentro de mí, un mar de sueños dormidos se revelaron en mi mente, sentí como mis ojos se agrandaron por la emoción e imaginé lo hermoso que sería materializar todo aquello que veía, mi pensamiento se expandió por lugares increíbles y me proyecté en un espacio lleno de niños.

¡Sí! Desde niña, siempre pensé que al crecer buscaría la oportunidad de trabajar con los niños, me encantaba ver cómo ellos amaban preguntar y saber todo aquello que les producía curiosidad y cómo al explorar iban expandiendo su aprendizaje.

Siempre he creído que las mujeres estamos dotadas de grandes talentos, y la capacidad de influenciar a gran escala, sea positiva o negativamente, a aquellos que están a nuestro alrededor, a aquel que de alguna manera nos observa. Así que, con el mejor de los ánimos, me dispuse a buscar las herramientas para concretar uno de mis sueños.

Recuerdo que la sensación de haber encontrado mi propósito, me hacía sentir una felicidad desbordante que se reflejaba en mi rostro, pero eso solo duró unos cuantos días... Una tarde, mientras compartía con un familiar, le platiqué con lujo de detalles mi nuevo proyecto, me escuchó atentamente, sin interrumpir, por lo que asumí que le daba gusto el saber que retomaría los estudios y obtendría una certificación para trabajar con pequeños, saber que ocuparía mi tiempo en inspirar y dejar una huella positiva en ellos, así como estaba segura de haberlo hecho con mis hijos.

Sin embargo, fue tan grande mi sorpresa, que, al terminar de escuchar las palabras de mi familiar, sentí como si un puñal atravesara mi corazón y un sentimiento de melancolía invadió mi ser... "**¡Ya estás vieja para estudiar, tu tiempo ya pasó, ¿no te das cuenta de que eres abuela?, lo hubieras hecho cuando eras joven!**"

Sus palabras calaron en lo más profundo de mi alma, era una persona muy especial para mí, sangre de mi sangre, la amaba y era la razón del por qué sus palabras me dolían tanto.

No supe qué responder, no tenía palabras, el dolor que sentía nublaba mi razón, puedo decir que hasta me costaba respirar simplemente no lo podía creer; pasaron semanas y no hablé más del tema con nadie, pero **¡cuando deseas algo y tienes la fuerte convicción de que lo puedes**

hacer, Dios y el universo te envían señales para manifestar que estás en lo correcto y qué debes hacer oídos sordos a la opinión de otros!

"No puedes" "ya es tarde" "no debes"… Son palabras que les pertenecen a aquellos que las dicen, quienes quizás por temor, se quedaron paralizados ante las oportunidades que tocan a la puerta en el tren de la vida. Después de estar deprimida por varios días, un anuncio que aparece en mis redes sociales llamó mi atención, era una certificación para dar clases en español a niños entre uno y ocho años de edad al vivir en los Estados Unidos quedé impactada, allí estaba la señal; automáticamente me dije "es el momento de demostrarme a mí misma que puedo, y que no soy lo que otros piensan"

Sin más me inscribí y comencé a estudiar, fue un trayecto difícil al ser de la vieja escuela tuve que aprender a usar una computadora, pero contando con la Bendición de Dios y que las fundadoras del curso son personas altruistas me acompañaron en el proceso.

Me certifiqué como Instructora de Español en Hola Friends University en Carolina del Norte y hoy día, doy clases vía on line y presenciales, transmitiendo con orgullo nuestro idioma y acompañando a los padres de mis estudiantes para que juntos, ampliemos sus conocimientos, enseñándoles a socializar con otra cultura al conectarlos con el idioma español.

Cada vez que un niño me dice **"¡cuando sea grande visitaré todo México!"** Suspiro… y con una sonrisa de satisfacción, mi corazón se exalta y llena de alegría por haber despertado la curiosidad en la mente de un pequeño anglosajón.

¡A ti mujer!, que ya pasas de los cuarenta, seas o no abuela, no permitas que tus familiares, amigos, o cualquier otro te diga que eres vieja para realizar un sueño, para desarrollar un proyecto y por más difícil que el camino te parezca, cree en ti, en tu poder, conserva la fe que, con preparación y esfuerzo, puedes vencer todos los obstáculos, por muy grandes que sean y alcanzar la meta anhelada.

La vida puede ser muy dura la mayor de las veces y te pondrá muchos desafíos, pero al final lo que cuenta es con qué actitud la enfrentamos, eres dueña y arquitecta de ti misma, en tus manos tienes el poder de tu transformación, y cuando te sientas estancada, con ganas de tirar la toalla, cuando estés en la lucha por seguir adelante, como en su momento yo lo estuve, recuerda una de mis frases favoritas.

Antonia Hernández

Antonia Hernández nació en el Estado de Guerrero, México. Es la mayor de cinco hermanos, desde pequeña su padre solía llamarla Tony, como seudónimo de Antonia. Su madre la llevó desde pequeña a la Ciudad de México, en donde cursó sus estudios primarios, desde la secundaria hasta convertirse en estilista profesional. Siguiendo sus sueños decide mudarse a los Estados Unidos en el año 1993, en donde comenzó trabajando en una cadena de supermercados en Chicago. Impulsada por su deseo de superación profesional en el 2018 ganó el certamen Rubí a Miss Elegancia 2018 y se convirtió en instructora profesional de Zumba, lo que le ha permitido ayudar a muchas personas a mantener una salud integral. Es madre orgullosa de dos hermosos hijos: Christian y Nayely que son su más grande catalizador para seguir adelante. Actualmente radica en Chicago y se dedica a dictar clases de manualidades en las escuelas públicas de Chicago. Tony escribe libros y dicta conferencias para ayudar a otras personas a superar situaciones adversas a su vida y convertir sus metas y sueños en realidad.

La metáfisis de una guerrera
Por: Antonia Hernández

Sentada en mi silla de escritorio pensando cómo nacemos, crecemos y nos desarrollamos, como desde niños soñamos ridículamente en grande para llegar un día a ser la versión de ti misma. Recordando mi pasado y cuantos obstáculos tuve que vencer para ser la mujer que soy el día de hoy; Dios nos hizo perfectos solo que nosotros creamos el perfeccionismo en nosotros mismos, creando miedos e inseguridades, hasta el día de hoy soy una mujer fuerte y sin miedo a crecer y atreverme a reconstruir día a día para ser yo misma, una mujer completa y decirte que nunca es tarde para luchar para vivir tus sueños, cumplir tus metas y decirte que si yo pude tú también lo harás, invierte en ti misma auto edúcate, busca ayuda para abrirte camino y no tengas miedo al fracaso.

Dios es tan grande y maravilloso que siempre te lleva de la mano y cuando crees que todo está mal o hay un obstáculo, supéralo porque son pruebas para nuestro crecimiento, hace 15 años yo creí que todo estaba perdido, estaba sola con dos niños, sin trabajo y a medio comer.

Salí adelante con mis hijos, me propuse descubrir un mundo nuevo y comencé como voluntaria en la escuela de mis hijos, estudié el idioma inglés, saqué mi GED y me propuse que nada ni nadie me iba a humillar, ni decir lo que tenía que hacer, mis hijos fueron mi impulso y lo son hasta el día de hoy, con mis adorables nietas; perdí mi trabajo por muchos años, pero gracias a eso Dios me abrieron otras puertas. Me bendijo con dos trabajos y al mismo tiempo escribir mi libro, sacrifique varios meses durmiendo sólo dos horas, pero valió la pena después tuve la oportunidad de volver a modelar y me di cuenta de que nada es imposible, cuando te propones algo, con ambición de superarme, saque mi certificado de instructora de zumba y sin darme cuenta mi visión era muy poderosa.

Porque reto que me ponía, reto que cumplía, ahí me di cuenta de que mis palabras tenían mucho poder, me decían que "poco faltaba para que fuera adivina", todo lo que decía pasaba, al poco tiempo me vi dando conferencias en público, me apasionaba más y más lo que hacía, poco a poco me fui envolviendo en lo que me gustaba.

Cuando tienes pasión por algo no sientes el sueño, ni cansancio, amar lo que haces te llena de satisfacción e inclusive si haces con amor lo que no te gusta poco a poco te das cuenta de que amaras lo que haces y ni siquiera te va a molestar y más rápido lo terminaras, paso a paso se llega lejos siempre y cuando te lo propongas analiza en qué eres buena y lo que más te gusta, hazlo y ese será tu triunfo, tu pasión y lo que Dios diseñó para ti, siempre construye y remodela tu mente, tu forma de pensar y de actuar "enamórate de ti". Sé una mujer con visión y misión, paso a paso con el tiempo lograrás tu éxito, piensa y sueña en grande, abre tu corazón y sigue adelante, que si se puede salir de las situaciones difíciles, recuerda que él siempre tiene algo mejor para nosotros, empodérate y sigue la luz de tu corazón, vive feliz y busca tu propósito de vida para empoderar a alguien más. Dale esa esperanza de vida con un buen pensamiento y una buena actitud, sé siempre positiva, agradece a Dios por la vida y el aire que respires cada día porque nosotras somos capaces de romper brechas y trabajar por lo que queremos, crea buenos pensamientos y trata a los demás como te gustarían que te trataran, eso te hace humilde y grande de corazón.

Así abrirás varias puertas y tocaras miles de corazones que contagiaras con tu energía, lo que das día a día es lo que creará más y más en tu vida, a lo que das tu tiempo, es lo que definirá tu vida, cuando te des cuenta de esto, te sorprenderá de lo importante que puedes hacer por ti mismo y lo que puedes hacer por los demás al cambiarles su vida.

Disfruta de esa metamorfosis que te hará diferente, emprende tu vuelo a lo que te gusta, descubre para qué naciste y porque eres tan especial.

Como dice STEVE JOBS. "El único modo de hacer un gran trabajo es amar lo que haces"

"Yo Soy La Mujer Que Soñé".

Sandra Martínez

 Salvadoreña de Nacimiento, el 21 de noviembre de 1981. Llegó a Chicago en 1999 buscando un futuro mejor. Viene de familia sin estudios, sin embargo, con muchos valores y principios, viviendo solo con los abuelos y de vez en cuando veía a su mamá. Hasta el día de hoy sigue viviendo en Chicago, es casada, con esposo mexicano, madre feliz, emprendedora desde niña y en su tiempo libre siempre le encanta ayudar y apoyar a organizaciones comunitarias, le encantan los deportes. Después de muchos retos, ha comprendido que nadie es culpable de las situaciones, somos responsables, porque no importa de dónde viene, importa a donde va. Sandra siempre busca engrandecer sus conocimientos para seguir apoyando, ha tomado varios cursos de Liderazgo, finanzas, redes sociales, maquillaje y muchos más, le fascina leer, su sueño es escribir y ser conferencista de empoderamiento a la familia. Sus frases favoritas "el cerebro es como Google hay que ponerle información, para cuando la necesitas allí está", "el éxito llega cuando las oportunidades y el conocimiento se juntan" también cree que todos tienen potencial de lograr sus sueños y metas solo es de perder el miedo y desarrollar su potencial con la mejor actitud.

Siempre sé tú misma

Por: Sandra Martínez

Hay quien dice que nuestro destino ya lo tenemos marcado, en mi experiencia he ido comprendiendo que no es cierto, desde mi punto de vista, la vida que hoy vivo se debe a que soy más consciente de mis creencias y de cómo fue mi niñez.

Por mucho tiempo busqué aprender más y más cosas, siempre digo "que nuestro cerebro es como Google puedes meter toda la información que deseas", por tanto, te digo a ti, si a ti.

Que estas en este momento leyendo, siempre busca la forma de enriquecer tus conocimientos esas son las armas que te dan poder; aún recuerdo el día en que asistí a una reunión y yo quería saber más y levantaba mi mano cada vez que tenía preguntas y una señora me dijo "las demás también quieren preguntar" y le respondí "adelante pregunten", nadie se atrevía a preguntar, por el resto de la junta me quede callada y por un tiempo tenía pena preguntar, opinar, hablar en público, eso me detenía.

Mi Yo interior estaba apagado entonces comencé a asistir a talleres, de empoderamiento a la mujer, de liderazgo, de cómo hablar en público, a leer más libros que me ayudaran a comprender el liderazgo, la autoestima y más, apoyar eventos me ayuda a socializar con más mujeres, etcétera, luego comencé hacer mis propias reuniones para hablar en público, hago videos en vivo en redes sociales, tengo mi canal de YouTube, no tengo pena de preguntar dónde sea y a quién sea.

Recuerda no hay preguntas tontas, al contrario, tu pregunta puede ayudar a más personas que aún no se atreven a preguntar. Nota: Las preguntas correctas a las personas correctas, te darán la respuesta correcta.

Habrá gente que quiera callarte, detenerte, limitarte, no los escuches, cuando te digan cosas negativas no les des importancia, una tía me decía "báñate en aceite y que todo se te resbale y que no te afecte" eso pienso cuándo hay comentarios negativos y no los tomo personal, ya que es su punto de vista y lo respeto, no quiere decir que me tiene que afectar. Por lo general la gente que hace eso es porque ellas no se atreven y tienen pensamientos limitantes.

"QUE CADA OBSTÁCULO QUE ENCUENTRE EN SU CAMINO SEA UN PELDAÑO PARA LOGRAR SUS SUEÑOS". Jannet Hernández

Sueña en grande siempre todos los días da pequeños pasos, que te lleven cada vez más cerca de tus metas, recuerda, todo lo que hoy en el presente vives es la cosecha de todas tus acciones del pasado, ya sean buenas o malas, quieres que tu futuro sea diferente con más Amor, Salud y Dinero en Abundancia, son esas semillas que debes sembrar para tener la cosecha que tú deseas, es en lo que te debes enfocar, en pensar y crear cosas de las que tú quieres, como tú pienses será tu vida, todo lo que te dé paz a ti y a tu familia.

Hay afirmaciones que me ayudaron mucho, incluso todas las mañanas mi hija y yo se las leímos a mi mamá, en un tiempo que estuvo enferma, en dos, tres días ya se sentía mejor, a veces nuestro cuerpo se enferma por falta de amor, sí amor propio.

Te las voy a compartir repítelas por 21 días todas las mañanas y también si puedes por la noche antes de acostarte, verás y sentirás un gran cambio

YO SOY EL ARTISTA DE MI MUNDO

El mundo es mi lienzo, mis pensamientos son los pinceles, mis sentimientos los colores que uso para dibujar la vida que Deseo.

1. Yo Soy
2. Yo Puedo
3. Yo soy Salud
4. Yo soy Amor
5. Yo soy Bondad
6. Yo soy Gratitud
7. Yo soy Brillante
8. Yo soy Inspiración

9. Yo soy un Ser Amado
10. Yo soy Conexión de Amor
11. Yo soy Inteligencia divina
12. Yo soy Gozo Divino
13. Yo soy Íntegra y Abundante
14. Yo soy Audaz para guiar mi Vida
15. Yo soy Sintonía Universal
16. Yo soy Guiada por mi Intuición divina
17. Yo soy Carismática
18. Yo soy Abundante en conocimiento
19. Yo Tengo Amor por mí y por mis semejantes
20. Yo estoy permitiendo conciencia divina bienvenida
21. Yo Aprendo Fácilmente
22. Yo tengo todo para triunfar

Puedes seguir con estas afirmaciones o también puedes hacer tus propias afirmaciones positivas, ponte la mano en el corazón y repite conmigo en voz alta y con intensidad emocional:

YO SOY LÍDER, NO SEGUIDOR, ESCUCHO LA VOZ DE MI ALMA NO DE MI PASADO, HAY UN GRAN SÍ EN MI FUTURO, NO VENGAS A HABLARME DE DERROTA Y DE FRACASO, YO HABLO DE VICTORIA, FE Y ESPERANZA, NO IMPORTA DE DONDE VENGO, IMPORTA A DONDE VOY Y EN MI VIDA SE ABREN PUERTAS DE BENDICIÓN PORQUE ¡YO SOY UN ALMA IMPARABLE!

Trina Márquez Márquez

Nacida en Venezuela, emigró a Estados Unidos en el 2016, actualmente radicada en Chicago, Illinois. Trina es fiel creyente del emprendimiento como herramienta de empoderamiento de las mujeres.

Ha cursado estudios en reconocidos centros logrando títulos como: Magister en Gerencia, Docente Universitario, Especialización en Marketing & Ventas, Coaching organizacional, Coaching Life, entre otros.

Colabora con la organización sin fines de lucro "Corazón de Valor y Fortaleza", localizada en Chicago, Illinois. Organización dedicada a ayudar a la comunidad con servicios para el bienestar social para mujeres. Es una mujer emprendedora, amante del saber, cree en el conocimiento compartido como herramienta de crecimiento y superación. Las palabras que la definen son: reinvención y perseverancia.

"La edad no existe para una mujer que está dispuesta a lograr sus sueños".

Equivócate las veces que sean necesarias

Por: Trina Márquez Márquez

"El costo de equivocarse es menor que el costo de no hacer nada". Seth Godin

Desde muy joven tuve un fuerte espíritu emprendedor, creo que lo heredé de mi padre, un hombre de carácter fuerte, inteligente, audaz, autodidacta y profundamente decidido a emprender. Su meta siempre fue ser su propio jefe, lo logró, crecí y me formé con esos valores, los mantuve hasta que emigré de Venezuela en el 2016.

Recién llegada a Estados Unidos, siempre estuvo en mi pensamiento emprender en digital, inicié junto a un grupo de amigos un proyecto con el propósito de dar herramientas a quienes como yo eran inmigrantes en la búsqueda de nuevas opciones de negocios, por varias razones ese emprendimiento fracasó.

Aunque emprender siempre ha sido una premisa en mi vida, el hecho de emigrar y haber fracasado en mi primer intento de emprender cambió un poco esa premisa; los miedos, la incertidumbre del país nuevo, empezar de cero, tambaleó mi confianza, mi autoestima y hasta mis creencias de que este es el país de las oportunidades.

Por mucho tiempo me sentí paralizada, pasaba el día pensando "¿qué podía hacer para emprender?", pero al final del día seguía igual, en el mismo lugar, la misma situación y el mismo estado de preocupación, paralizada, postergando tomar acción. Sabía que quería emprender, estaba convencida de que quería hacerlo, pero no lo hacía "¿por qué no lo hacía?" Me hacía esa misma pregunta una y otra vez, "Trina ¿por qué no lo haces?" Pasó buen tiempo antes de descubrir la respuesta.

En el ínterin, hice todo tipo de trabajos que, aunque no me gustaba ninguno, de todos aprendí muchísimo, hacerlos reforzaban mi deseo y espíritu de emprender.

Leyendo un día la biografía de Seth Godin, destacado escritor especialista en Marketing, leí una frase que me hizo click, la frase decía: "El costo de equivocarse es menor que el costo de no hacer nada". "¡Eureka!", encontré respuesta a mi pregunta "¿por qué no lo haces?".

Descubrí que el miedo a equivocarme era mi peor rival, el miedo a equivocarme, miedo por falta de conocimiento de las nuevas tecnologías, miedo a sentirme expuesta ante familiares y amigos si fracasara nuevamente.

Deje que el miedo me paralizara por mucho tiempo, deje que la opinión de otros me influenciara, ahí aprendí que "para aprender a navegar debía subirme al barco", así que la mejor manera de superar los miedos no solo era afrontarlos, sino también identificarlos y minimizarlos.

No quiero decir que no vamos a sentir miedo, ni que nunca volveremos a equivocarnos, de hecho, sentir miedo es natural, es un mecanismo de defensa y supervivencia, todos en algún momento de la vida nos paralizamos por miedo a algo.

El hecho no es no sentirlo, el hecho es afrontarlo, descifrar ese miedo y tomar acciones aún con miedo, en mi caso, tenía miedo a equivocarme y que esa equivocación me llevara a perder dinero; mi diálogo interno literalmente era este: "Trina no lo intentes, no te puedes dar el lujo de perder dinero de nuevo", o me auto saboteaba pensando "te falta mucho por aprender", "ya estás mayorcita para eso de la tecnología y las redes sociales". Identificar, enfrentar y replantearme el significado de miedo, fracaso y equivocación, dispersó todos esos pensamientos paralizantes y limitadores.

Comprendí que el éxito y el fracaso vienen de la mano, no existe uno sin el otro, entendí que puedo equivocarme las veces que sean necesarias y "no pasa nada", porque equivocarse es parte del proceso de aprendizaje. De hecho, nada me ha enseñado más que equivocarme.

Hay una frase que escuche en algún lugar, me encanta y me la repito: "el viento no puede volver al lugar del que partió", la uso como mantra para tener presente que aun sí me equivoco, habré avanzado, porque definitivamente ese error no volveré a cometerlo. Le damos tanto peso negativo a las palabras, fracaso y equivocación, que nos olvidamos de todo lo positivo que nos deja, como aprendizaje, experiencia, conocimiento, amigos, relaciones, posibles socios, estrategias y nuevos caminos.

No quiero que cierres este capítulo sintiendo que leíste una historia motivadora que quizás en pocos días olvidarás, para eso quiero compartirte un ejercicio que a mí me ha funcionado, espero que también a ti te ayude y logres a partir de este momento identificar tus miedos y ponerlos a raya de una vez por todas.

Suelta el libro, busca lápiz y papel, siéntate en un lugar cómodo, apacible donde nadie te interrumpa. Abre tu corazón y sé honesto en tus respuestas.

1. Identifica tu miedo: Escribe en una frase, ¿cuál es el miedo que no te deja avanzar?
2. Lee la frase, pregúntate ¿Qué es lo peor que puede pasar?
3. Ahora pregúntate, ¿Qué podría hacer para cambiar ese "peor" y convertirlo en mejor?
4. ¿Qué significa para ti fracasar / equivocarte?
5. ¿Qué sentirías si fracasas o te equivocas?
6. ¿Qué cosas positivas puede dejarte un fracaso?
7. ¿Qué nuevo significado positivo puedes darle a la palabra fracaso / equivocación?
8. ¿Qué nuevas emociones positivas les puedes dar?
9. ¿Qué fracasó?

10. Arma en una nueva frase tu nuevo significado de fracaso.
11. Léelo las veces que necesites hacerlo.

Comete errores, ensaya con prueba y error se aprende, recuerda "no hacer nada es más costoso" capacítate, si hay algo que minimiza los miedos al momento de emprender es llenarse de conocimiento, recuerda, puedes equivocarte las veces que sean necesarias y no te avergüences por eso.

Piedad Guzmán Lamprea

Una mujer rural, lideresa colombiana, profesional del sector Agropecuario con más de 25 años de trabajo social territorial en Colombia, Consejera Nacional Del Sistema De Innovación Agropecuario, vocera de las mujeres rurales, Directora de la FUNDACIÓN "DE LA MANO CONTIGO", y Cofundadora y Codirectora del COLECTIVO "TRENZADAS SOMOS MÁS".

Empoderar a las mujeres para que participen plenamente en todos los sectores y a todos los niveles de la actividad económica resulta fundamental para: construir economías fuertes, establecer sociedades más estables y justas; alcanzar los objetivos de desarrollo sostenible y derechos humanos acordados internacionalmente, mejorar la calidad de vida de las mujeres, de los hombres, de las familias y de las comunidades.

Por tus derechos y los míos
"Trenzadasomosmas"
Por: Piedad Guzmán

Las mujeres nos juntamos para transformar e inspirar, los liderazgos deben ser colectivos y generosos, para poder avanzar, los diálogos entre las mujeres salvan vidas, necesitamos aprender a escucharnos, reconocernos y así reconocemos el mundo interior y el mundo exterior de nosotras y aprender a comunicarnos con los niños y entre las adultas porque no hemos aprendido a comunicarnos con afecto y con respeto por la otra, necesitamos trabajar para la paz desde nosotras escuchando - comunicando pero con el corazón.

La mujer está arraigada a la tierra con su vida, sus luchas, su familia, sus sueños y sus convicciones, con el paso del tiempo crece, aprende, se mira y reflexiona, sueña y sigue apostando por el territorio que nos vio nacer, crecer, desarrollarnos, levantarnos una y otra vez cuando las situaciones no están bien y seguir adelante sembrando la semilla de amor por nuestros surcos que recorren nuestra tierra, el cuidado de los ecosistemas, los vínculos tierra agua y ser para hacer.

En este camino de la vida la mujer libra batallas de diferentes maneras para vivir y cuidar del mejor modo, junto a su manada que es su familia.

Hoy solo somos mujeres #SinEtiquetas porque no es la negra, indígena, mestiza o blanca, simplemente somos mujeres que al unísono buscamos la igualdad y la equidad para la garantía de nuestros derechos y eso lo logramos caminando, arropándonos dando apoyo y firmeza las unas a las otras, cuál algarrobo que resiste a las inclemencias del tiempo y florece con cada primavera.

Mujeres de hoy, de mañana, de ayer, todas y cada una de nosotras cruzadas por un entorno que nos arropa, trenza y da los recursos para vivir en igualdad de condiciones.

Así como en las historias, relatos y experiencias de todas estas mágicas mujeres que hoy me inspiran, ya que somos de diferentes territorios y desde esa mirada femenina nos proyectamos, nos pensamos y nos reproducimos con risas, humildad, respeto, un abrazo sororo, sanador y protector que les envió para seguir hilando por este trabajo arduo y sueño colectivo, por seguir mejorando la calidad de vida de todas las mujeres en los territorios.

María Magdalena Domínguez Morales

 Nació en el mes de julio, originaria de Guerrero, México. Estudió Licenciatura en Educación en la Universidad Pedagógica Nacional UPN. Trabajó por tres años como directora, administradora del jardín de niños y guardería del DIF municipal. En el año 2000 viajó a los Estados Unidos en compañía de sus tres hijos persiguiendo el sueño americano, país en donde actualmente vive.

Se desempeñó como line leader en una compañía de plástico por doce años y luego laboró como QC (Quality Control) y dispatcher en una compañía de comida, por siete años.

Siempre interesada en superarse Magdalena ha tomado los siguientes cursos y diplomados:

- 2005 «The Pillars of 5S» impartido por Northern Illinois University, cuyo objetivo es comprender la metodología de las 5S y los pasos de implantación para modificar su modo y ambiente de trabajo.

- 2008 «Curso básico y Curso CLAVE de Liderazgo y Superación Personal.
- 2014 «C.U.I.D.A.R.» Curso Intensivo de Entrenamiento avanzado para certificarse como instructor de los cursos. Estos cursos son impartidos por el Instituto de Liderazgo y Superación Personal Cristoforo.
- En el 2015 estudió Inglés en Wilbur Wright College, certificada por AICTRAP
- Coach integral, Couch de Vida, Couch Ejecutivo y Practicante de las tres maestrías en: Mentes Maestras, PNL y Mindfulness.
- Certificada como: Defensora de Trata Humana y Violencia Doméstica.

Además, es locutora de radio en "La Atrevida de Chicago" es autora y escritora del maravilloso libro "La historia de Magda" y "Escapando hacia la Libertad"

Su lema es "sonríe, que la vida es maravillosa"

Rompiendo Estereotipos

Por: María Magdalena Domínguez

Muchas veces me pregunté "¿Qué es lo que yo como mujer debo hacer y no hacer?" Mi propia respuesta me sorprendió y al mismo tiempo me pareció muy acertada, descubriendo que ¡para mí no hay límites! No hay obstáculo que no pueda vencer, me doy cuenta que es el momento de romper los estereotipos que me han limitado siempre.

Y son: Que yo como mujer soy emocional, dependiente, sumisa, inestable, débil, obediente... Nos han educado generalmente, en la división del trabajo por roles de género, que nos lleva a una situación de desigualdad y subordinación, a la desvalorización de las tareas y roles de la mujer. ¡Nooo!, ¡Basta! ¡Cada una de nosotras somos únicas e irrepetibles!

¡Llegó el momento de romper estereotipos! ¡Este es el momento de vivir nuestra propia vida! ¡De disfrutar al máximo todo lo que tenemos! ¡Es el momento de ser las que decidimos ser! ¡Es el momento de que rompamos esos estereotipos que nos limitan para lograr nuestras metas y realizar nuestros sueños!. En la sociedad en la que vivimos algunas de las personas realizan juicios sobre nosotras, en un contexto en que a veces no nos permiten darnos a conocer a fondo y eso lleva a formarse una opinión preconcebida sobre nosotras como mujeres, sin darnos la oportunidad para vivir una vida equitativa que nos brinde a las mujeres y a los hombres las mismas oportunidades, condiciones y formas de trato, sin dejar a un lado las particularidades de cada uno para poder enriquecer nuestra vida al máximo y así trabajar libremente en nuestros proyectos.

Hoy en día nosotras las mujeres estudiamos y nos preparamos profesionalmente igual que todos para desarrollar nuestro potencial y alcanzar nuestros sueños y metas como también poder desempeñarnos en los mismos roles que los hombres y con el mismo o más sueldo que ellos, esto no quiere decir que estemos en competencia, sino que simplemente tenemos los mismos derechos, las mismas habilidades y capacidad para desempeñarnos en cualquier área de nuestra vida ya sea emocional, profesional, espiritual, laboral, etc.

Día a día vamos retomando el control a través de nuestras grandes conquistas. Hace un tiempo entré a trabajar en una compañía donde se preparan ensaladas, sándwich y algunos otros alimentos que se distribuyen a escuelas, universidades, aeropuertos y a diferentes supermercados.

Empecé trabajando como todos los empleados, en líneas de producción; la encargada de la línea empezó a observarme y le gusto como yo desempeñaba mi trabajo, siempre estaba yo pendiente de todos los ingredientes que llevaba cada ensalada, los memorizaba con facilidad, al verme trabajar de esa manera le gustó y me pidió que le ayudará a revisar al final de la línea que todo fuera completo y que no le faltara nada. Más tarde a través de las cámaras me observaron los dueños de la compañía y de inmediato me llamaron a la sala de juntas, yo iba un poco asustada, no sabía para qué me llamaban, subí las escaleras y con pasos sigilosos llegué a la puerta de la sala de juntas, ahí estaban todos los de la mesa directiva junto con los dueños, toqué muy suavemente la puerta, con ganas de que no abrieran, pero de inmediato se abrió la puerta, entré y me pidieron que me sentara, me ofrecieron agua, la dueña fue la que habló primero.

Y dijo "Magda la mandamos traer porque queremos ofrecerle que se haga cargo de todos los envíos y de que los choferes cumplan con las reglas de la compañía, que son: que estén a tiempo en el trabajo y con las entregas, que lleven los camiones en condiciones requeridas como temperatura, limpieza entre otras cosas"

Yo me pare de la silla sin saber que responder, el dueño me dijo se le pagara muy bien y contará con todo nuestro apoyo para cualquier decisión que tome respecto al personal que estará a su cargo.

La oferta era tentadora, pero yo ya me imaginaba que reacción tendrían los choferes y sobre todo la del jefe actual, porque de pronto sería sustituido por una mujer; era un gran reto para mí, lo pensé unos segundos y acepté.

Al siguiente día los dueños convocaron a una reunión a los choferes y al jefe de ellos, para darles la noticia de que tenían nueva jefa, todos se sorprendieron y renegaron, pero la decisión ya había sido tomada, después de ese día tuve muchas situaciones desagradables con ellos, porque no aceptaban que una mujer sea su jefa, que una mujer les dijera que iban a hacer, ¡uf que difícil fue!, yo no platicaba con ellos otras cosas que no fuera referente al trabajo y con una postura de compañera de trabajo, no de jefa, aunque si estricta en el cumplimiento de las reglas ya estipuladas, ellos cumplían siguiendo los estándares, porque finalmente sabían que tenían que hacerlo, porque era parte de su trabajo.

Al pasar un poco de tiempo, fueron aceptando y empezaron a cumplir con las reglas de la compañía sin renegar; llegamos juntos a crear un ambiente de trabajo agradable y eficiente.

Hoy en día nosotras las mujeres ocupamos más puestos directivos que contribuyen a aumentar el rendimiento empresarial.

Mi invitación es a que muestres que eres una mujer que sabe trascender en cualquier ámbito de desempeño, que somos mujeres creativas, innovadoras, poderosas ¡Atrévete a hacer la diferencia! ¡Atrévete a hacer tus sueños realidad y ser una mujer exitosa!

Yareth García

Originaria de Pachuca Hidalgo, radica en el estado de North Carolina los últimos 15 años. Ha producido eventos en diferentes estados como New York, New Jersey, Georgia, Chicago y por supuesto North Carolina. También ha tenido presencia como invitada en los estados de California, Nevada y Texas. Antes de la pandemia en asociación con una institución en México, llegó a dar 15 conferencias presenciales llegando a más de 1.500 jóvenes en tan solo un mes en el estado de Veracruz, de los cuales algunos de ellos aún siguen en entrenamiento con ella. También ha participado en estados como: Hidalgo, Quintana Roo y Jalisco. Yareth García en su programa "desayunadores" en México le brinda alimentación y educación a más de cincuenta niños de bajos recursos, cada semana en el estado de Hidalgo, México. Es fundadora del "Taller de Emprendedores" y hace algunos años se propuso hacer que North Carolina apareciera en el mapa para los eventos de Desarrollo personal y esto se pudo lograr gracias a su esfuerzo y arduo trabajo.

El propósito de Dios en tu vida
Por: Yareth García

"El señor llevará a cabo su propósito que tiene para mi vida". Salmos 138:8

La esperanza de vida para un ser humano en la actualidad es de 25,550 días de los cuales podríamos tomar un par de días para pensar y analizar cuál es el propósito por el cual estoy vivo en la tierra y sería una buena inversión de tiempo para vivir una vida con propósito.

"Una vida que no tiene sentido, no tiene sentido vivirla".

En el manual de la vida, la Biblia nos dice que "Dios cumplirá el propósito que él tiene para con nosotros" no es una casualidad que estemos aquí en la tierra, todo lo que te ha pasado desde antes de que nacieras, todas las experiencias, retos y pruebas que has vivido, tienen un propósito.

El propósito que Dios tiene para ti, por favor no le llames problemas al escenario que Dios está utilizando para convertirte en la persona en la cual necesitas llegar a ser, a todo esto, agrégale los dones y talentos que él colocó en ti antes de que nacieras, el carácter, el ambiente en el que creciste, tus padres y condiciones en las que viviste es lo que necesitabas para ser la persona que eres ahora y así usar la fortaleza y habilidades que tienes para cumplir el propósito que él tiene para ti. Ahora analicemos qué es un propósito; propósito es la intención que tuvo el hacedor para hacer algo con un fin determinado y se compone de tres elementos

Misión, visión y pasión.

La misión que nos corresponde a todas las personas sobre la faz de la tierra es ayudarnos los unos a los otros, el segundo mandamiento más importante es "amarás a tu prójimo como a ti mismo" y de esto está lleno la Biblia.

El propósito de Dios es ganar almas, para extender el reino de Dios a través de que conozcan la verdad de Él y esto se lleva a cabo por medio de las personas que se dejan guiar volviéndose instrumento para ser dirigidos por el Espíritu Santo.

Esto puede sonar muy religioso, pero si te doy mi punto de vista no me gustan las religiones porque entre más las conozco menos concuerdo con ellas, yo no tengo una religión, tengo una relación.

La visión nos indica en qué área nos vamos a desarrollar, en la vida existe una gran confusión, los seres humanos se enfocan en las cosas superficiales, en lo material y físico porque es lo único que pueden ver con su vista limitante.

Quieren tener, para poder hacer y después ser; a muy entrada edad se dan cuenta de que en realidad lo más importante es el ser.

El ser es el plano espiritual; recuerda, somos seres espirituales teniendo una experiencia física en la tierra, lo más importante que tenemos para alimentar la necesidad que tenemos que cubrir es del Espíritu, la fórmula correcta es primero ser, hacer, para finalmente tener y se cumplirá la promesa que es buscar el Reino de los Cielos y todo lo demás vendrá por añadidura.

En conclusión, la visión es en la profesión que trabajarás por el resto de tu vida.

La pasión es lo que te dará la energía para levantarte todos los días y trabajar por tu propósito.

Recuerda, jamás llegaremos a ser la persona que necesitamos ser para cumplir nuestro propósito, si primero no dejamos de ser la persona que somos en este momento.

Las metas que alguien puede tener, tienen que corresponder al propósito que corresponda a su vida, la única manera que las metas se vuelvan significativas y se puedan alcanzar será cuando se desprenden de la razón por la que usted existe, por el solo hecho de lograr cosas que no sean coherentes con el propósito que Dios tuvo contigo se convierte entonces en éxito vacío y vano. Me gustaría contarte una pequeña historia personal; cuando tenía trece años, me convertí en una persona de la calle, sufrí desprecios y abusos de todo tipo, en esos momentos pensaba que Dios se había olvidado de mí porque estuve al borde de la muerte muchas veces, creo que esos dos años fueron los días más duros y difíciles hasta esos momentos, debido a mi corta edad.

Tuve la gran bendición y la vida me sonrió cuando conocí estos maravillosos conceptos, ya que me dieron la oportunidad de ver mi pasado de una forma diferente y comprender que todo lo que me pasó fue porque tengo un propósito, aquello fue solo un escenario para tener la fortaleza que hoy en día me acompaña y así poder tener la fuerza para cumplir con ello, trabajar todos los días sin buscar culpables y responsabilizarme al 100% de mi persona.

Cuando logres mezclar tu historia personal con el propósito que Dios tiene en tu vida, estarás viviendo en la cuarta dimensión.

Todo esto se hace con amor y el amor es el resultado de una mezcla de valores como la aceptación, comprensión, respeto, responsabilidad, tolerancia, compromiso y libertad. Me gustaría invitarte a que ya no busques culpables por lo que te ha pasado o te pasa. Toma esas experiencias, sácale el máximo potencial, recuerda que para aquel que tiene un propósito todo obra para bien.

El objetivo del ser humano es crecer, trascender, evolucionar, estar en un estado de conciencia constante y una comprensión de lo que lo rodea, pero principalmente entender que el universo está dentro de él, si no estamos cumpliendo el propósito, no estamos viviendo, solo estamos existiendo.

Dios te llamó para dejar huella en tu generación y representarlo en el lugar donde Él te ha puesto, predicando con amor y felicidad, somos diferentes y en esa diferencia radica nuestra grandeza y forma de ser.

No le cierres la puerta a tu pasado cobardemente, aprende a verlo como una gran experiencia que te permitió crecer, una experiencia convertida en lo que eres hoy al entregarte sin esperar nada a cambio. Abre tu cofre, regala tu experiencia, diles cómo viviste, diles cómo te sentías, todos tenemos una historia que contar y las historias pueden transformar vidas, atrévete a contar la tuya y enriquece tu mundo interior, tus próximas lágrimas ya no serán de dolor, serán de alegría y felicidad por tantas bendiciones que vas a recibir de parte de Dios.

Tu vida se puede transformar de trágica a mágica como la mía, después de ser una persona sin ninguna posibilidad de salir de esas profundidades y de conocer de primera mano las más trágicas miserias, hoy en día mi vida es un sueño hecho realidad, viajando por las principales ciudades de todo el país, dictando conferencias de superación personal y compartiendo mi historia, esto ha ayudado a que personas puedan cambiar de una forma positiva sus vidas, a través de hacer conciencia de la importancia de su historia.

Mi propósito de vida es desarrollar mi máximo potencial y en el camino agregarle valor a los demás, para que crezcan y desarrollen su máximo potencial y así descubran su propósito de vida, crear una nueva cultura al ayudarnos los unos a los otros.

Sonia Soriano

 Nació en la ciudad de México el 11 de diciembre de 1975 Actualmente radica en Chicago IL. desde el 2000, viene de una familia humilde de valores y principios; Sonia es cosmetóloga desde el año 1997, es también madre de dos hermosas hijas; actualmente es voluntaria en las escuelas públicas de Chicago desde el 11 de agosto 2011, así como en Sandra Cisneros centro comunitario para la Mujer, el círculo abril 2013 y Corazón de Valor y Fortaleza desde el año 2015, impartiendo cursos de arte, manualidades, repostería, maquillaje, entre otros.

Sonia es también Instructora de Zumba certificada desde el 2014, Certificada en Domestic Violence Advocate desde el 18 abril de 2021. Por otro lado, sigue tomando cursos para su desempeño y crecimiento personal y profesional, le apasiona apoyar a más mujeres.

El cambio empieza en uno mismo

Por: Sonia Soriano

Los mejores consejos y educación vienen de tus padres, dentro del hogar. Mis padres me enseñaron la regla de Oro: "Si quieres que te vaya bien en la vida, sé honesta, di la verdad por más difícil que sea, tus acciones tienen consecuencias, tienes que poner los pies en la tierra, nadie es perfecto, trata a los demás como quieres ser tratada, se congruente con lo que dices, con lo que haces y con lo que piensas, no hagas a otro lo que no te gustaría que te hicieran a ti, sirve a otros como tú quisieras que te sirvieran y canta cómo te gustaría que te cantaran."

Ahora comprendo que las palabras de mis padres son como una canasta de semillas que son: amor, humildad, paciencia, prudencia, respeto, honestidad y el deseo de seguir viviendo esos valores.

Estas semillas si yo las cultivo y cuido marcarán el camino por el cual regresaré, porque ahora sé que no existe una persona insignificante, que yo debo tratar a las personas como yo quiero ser tratada porque en la vida todos somos hijos, hermanos, familiares, etc.

He aprendido que no soy perfecta y que el tiempo pasa, creces como persona de acuerdo a la situación en la que te encuentras, vives un momento bello o difícil, te vas dando cuenta que la vida golpea de mil maneras y quedas en medio del círculo preguntándote "y ahora ¿qué sigue"? La invitación es aceptar la situación sin necesariamente querer cambiarla, sino más bien aprender de ella y así lograr una mejor perspectiva ante esa situación.

He aprendido que el tener una actitud positiva ante la vida es una decisión mía, todas las mañanas hasta el día de hoy doy gracias a Dios: "por el despertar, por la salud, la familia etc.," llega el momento que hasta agradeces por algo que te fue mal, ya que de los errores también se puede aprender, a veces cuando pasas por momentos tristes por dentro te rompes y ante los ojos de los demás te muestras alegre o tan solo no te dejas caer.

Es bueno siempre sonreír, bendecir y agradecer, si empezamos actuando con una actitud positiva terminaremos creyendo y actuando para que nos vaya bien, esa es la misma actitud que nos guía hasta la prosperidad, cuando ésta toque a tu puerta, no tengas miedo, solo dale la bienvenida, recuerda no dejes ir a la prosperidad y ve que nunca te falte trabajo.

Decido vivir con alegría, todo está en nuestra mente, las personas tenemos la capacidad de elegir al 100%, yo trato siempre de trabajar la actitud para entender que vivir con alegría es una decisión, esta es una elección que todos podemos hacer libremente, independiente de nuestras circunstancias "¿Qué cuesta estar feliz frente a una situación que es molesta?" Me pregunto "¿Acaso sirve de algo estar enojada?" "¿Los problemas acabarán, si estás furiosa?" No, al contrario, causa más problemas estar molesta. Regularmente, pienso y analizo los problemas de una manera positiva, tampoco quiero decir que deba festejar, solamente, mantenerme positiva frente a cualquier circunstancia, yo pienso que estar de mal humor o con la mente negativa no arregla nada, que pasaré un mal rato, en realidad, todos merecemos vivir con alegría, ya que la alegría no está en las cosas, está en nosotros mismos.

Solo debo encontrarme a mí misma y decidir ser feliz, y tratar de ser una buena persona en esta sociedad, porque todo va tan rápido con la ayuda de la tecnología que a veces olvidamos la importancia que tiene la calidad humana y no el último "Smartphone" que salió a la venta.

Nuestra vida se basa en las relaciones con otras personas ¿se dan cuenta?, siempre estamos conectados desde el amanecer hasta el anochecer, lo que transmitimos a los demás es básicamente nuestra manera de ser, nuestro yo, nosotros, si nosotros deseamos cambiar, hay que recordar que el cambio comienza en nosotros mismos.

Alma Rosa Santana

 Alma de nacionalidad mexicana, máster en Calidad Total y Competitividad, con diplomados en recursos humanos, rehabilitación financiera, administración y psicología; egresada del Centro de Investigación y Desarrollo del Estado de Michoacán - CIDEM Michoacán, México, ha estudiado psicología del niño en el Child Development Santa Ana College, como consejera y terapeuta para La voz de mi Ciudad, tratando temas de violencia doméstica, alcohol y drogas, consejería familiar para padres e hijos y el control de enojo empresarial, además de ser fundadora de ARJ Alma Glamour y Fashion, también se ha desempeñado como consultora de empresas para la Secretaría de Turismo, Cimo y la Secretaría de Medio Ambiente, Recursos Naturales y Pesca – SEMARNAP, la Red Mexicana de Organizaciones Forestales – MOCAF, para para el entrenamiento y la capacitación de empresarios y hoteleros en los ámbitos turístico, financiero y empresarial. Además, es licenciada en Cosmetología y ha trabajado como maquillista profesional, Alma Rosa, además de ser una mujer emprendedora y que ayuda a

empoderar mujeres, se ha enfocado en el trabajo con familias disfuncionales, buscando ayudar a la reunificación familiar, dada su experiencia por muchos años como Madre Foster y su alto porcentaje de reintegración de las familias beneficiadas, a través del trabajo en su autoestima y la motivación para la superación emocional, física y financiera.

Mujeres visionarias

Por: Alma Rosa Santana

Mi bella y hermosa mujer, comenzaré por contarte que la necesidad te lleva a buscar alternativas de vida, las cuales se van dando de acuerdo a tus objetivos, para ello, inicia por soñar y busca dentro de tu interior la respuesta a las siguientes preguntas:

¿Cómo estás ahora?   ¿Cómo te quieres ver?

¿Cómo te encuentras en tu ahora? ¿Tienes un hogar? ¿Tienes una familia y una casa? ¿Tienes más de un auto? ¿Viajas a lugares que deseas? ¿Tienes un dinerito guardado para emergencias? ¿Tus hijos llegarán a la universidad deseada? ¿Cuentas con una posición financiera desahogada? ¿Cómo te encuentras? ¿Qué es lo que deseas? y si ¿Eres feliz con lo que tienes? ¿Qué te haría más feliz? ¿Tu entorno te satisface? Si has contestado más de una de las preguntas anteriores de forma negativa o no tienes la respuesta, entonces ¡A SOÑAR!, pero muy alto y comienza por visionarte.

¿Cómo multiplicar las posibilidades de alcanzar mi sueño?

Te ayudaré un poco. Te diré cómo lo he hecho yo...

No es fácil, lo sé, solo falta algo muy especial de ti: la **actitud**. Sí, la actitud, cámbiala, desprende lo negativo y lo que te molesta, saca tu dolor, tira la basura interna, busca roles que te agraden, cambia tus hábitos, relájate, date un espacio para ti, habla contigo misma y pregúntate ¿qué deseas hacer? mímate y comienza por el hermoso viaje de la visión.

Hay grandes mujeres que cambiaron el mundo, se inspiraron en la lucha por los derechos de las mujeres que defendieron la historia, fueron en esencia pioneras creativas, solo por mencionar algunas:

Marie Curie (1867 – 1934)
Cambió el mundo no solo una vez, sino dos veces, esta mujer fundó una nueva disciplina de estudio sobre la radiactividad (incluso el nombre fue

inventado por ella) y sus descubrimientos produjeron curas efectivas para el cáncer.

Rosa Parks (1913 – 2005)
Desafío la segregación racial que existía en partes de los Estados Unidos, al negarse a ceder su asiento del autobús a una persona blanca.

Coco Chanel (1883 - 1971)
Fue una diseñadora que revolucionó por completo el mundo de la moda y de la alta costura, en una época especialmente complicada. El periodo de entreguerras, consiguió romper con las encorsetadas ropas de la *Belle Epoque*, lo cual dio un nuevo giro a las ropas de las mujeres haciéndolas más cómodas.

Frida Kahlo (1907 – 1954)
Pintora mexicana que se ha convertido en uno de los más grandes referentes del feminismo actual, pues no solo revolucionó el mundo del arte, sino también el de la política. Fue amiga de importantes artistas nacionales e internacionales y la primera artista en presentar una de sus obras en el Museo del Louvre. Sus ideas surgieron en una época en el que las mujeres eran consideradas el sexo débil, defendió la causa de las personas indígenas y recuperó en su obra, sus símbolos y tradiciones.

¿Por qué te las menciono? Porque necesitas un modelo, un

ejemplo donde tú también te puedas visionar con tus habilidades y conocimientos o que, si no los tienes, los puedas realizar a través de rediseñarte, de educarte... Jamás es tarde, siempre hay una oportunidad para alcanzar tus sueños, solo hazlo, busca, investiga y alcánzalos.

En mi caso, siempre busqué alternativas de vida... ¿Cómo? Estudiando e investigando, un día soñé con un libro realizado por mí y ya voy a tener cuatro, actualmente, me visiono con mi libro *"Un Divorcio Un Dating"* en la pantalla grande y ya tengo propuestas, siempre sueña, sueña y no quites el dedo del renglón hasta alcanzar tus objetivos.

Tengo para ti, otras grandes modelos a seguir, que están muy cerca de ti:

> **Janneth Hernández**: escritora, fundadora y directora de la organización Corazón de Valor y Fortaleza.

> **Miriam Burbano**: escritora y fundadora de JEL - Jóvenes Escritores Latinos

Y yo, Alma Rosa Santana, ¿Cómo visionaba en mi futuro cuando solo tenía 16 años? A esa edad ya sabía de necesidades económicas, de la falta de preparación para un buen salario, cubrir necesidades de la casa y personales... No había de otra, tenía que salir adelante, había fallecido mi padre y solo estaba el respaldo de una madre con seis hijos para educar y mantener, así que tenía que adaptarme a nuestras nuevas opciones de vida, en una edad donde comenzaban las ilusiones, los sueños y las ideas sobre cómo lograr alcanzarlos, fue duro, sí, pero todo cambia cuando tú le das una mejor **actitud** a tu vida.

Luego, llegó una nueva etapa de vida en la que me casé, tuve un hermoso bebé y posteriormente, me encontré sola con un divorcio, con llorar y hacerme la víctima no lograría nada, así que continué el viaje de la vida… Entonces, ¡a seguir! Sigue con tu actitud de **mujer exitosa**.

Mujer visionaria:
En el mundo actual en que vivimos, la mujer ha EVOLUCIONADO por NECESIDAD, por EGO, por PLACER y por CRECIMIENTO.

¿Y tú?

Dedicatoria: Con gran cariño a la gran mujer que se levanta día a día, a la mujer que eres TÚ, que no busca excusas para alcanzar su VISIÓN.

Carmen Salazar

Carmen Salazar, nació en San Luis Potosí México el 15 de julio de 1974, actualmente radica en la ciudad de Chicago Illinois desde el año 1999, su familia la integran doce hermanos y su madre.

Carmen es una mujer de humildes valores y principios con un gran corazón, en el 2012 Carmen empezó a enrolarse en la comunidad y tuvo la oportunidad de conocer a Janneth Hernández con la cual se unió para fundar "Corazón de Valor y Fortaleza" una organización sin fines de lucro que brinda apoyo a sobrevivientes de violencia doméstica, desde el 2013 Carmen empezó a tomar entrenamientos de superación personal y salud mental, para después certificarse cómo abogante de violencia doméstica. Carmen también participa como mentora en las escuelas públicas de Chicago desde el 2018, en su insaciable deseo de superación se certificó cómo técnica de uñas en el 2020, es una mujer que tiene una gran visión en la vida por apoyar a los jóvenes.

Desafiando los miedos

Por: Carmen Salazar

Cuando enfrentamos nuestros miedos descubrimos la grandeza que hay dentro de nosotros.

Todo comenzó una tarde del año 1982... Esa niña soltaba la moneda que un día le quitó sus sueños... El sol con sus rayos resplandecientes que alumbraban su rostro y al mismo tiempo le regresaban todo el poder de desafiar sus miedos, miedos que se han presentado en el transcurso de su vida desde la etapa de niñez hasta su vida adulta...

La vida me ha dado retos inimaginables y de quien menos lo esperaba, pero estas experiencias me han hecho ser quien ahora soy, una mujer que ha tenido el valor de enfrentar cada una de las experiencias que la han desafiado a romper sus miedos y aunque desafiar uno de esos miedos me llevó a perder parte de mi familia, no me importo porque abrazaba lo más amado para mí...

Llegó la fractura familiar, lo cual conllevo a una separación familiar, dolió porque crecí con la idea qué la familia siempre debía estar unida, lo cual para mí el tener mi familia (mi esposo y mis hijas) unida era felicidad, aunque el miedo volvía a apoderarse de mi ser, fue el miedo más grande que no deseo sentir jamás, pero tomé mi poder, el cual nadie podría quitarme y volví a vencer, se suscitaron experiencias tras experiencias y recobraba mi poder para vencer ese miedo, el cuál fui sintiendo más débil conforme se presentaban las situaciones, de lo cual ahora soy lo que soy, porque esto me llevó a buscar retos más allá de lo que me pudiera imaginar, me ayudó a descubrir mis fortalezas, me ayudó a descubrir que soy una mujer llena de virtudes, con grandes retos, comprometida y en cada logro he vencido los miedos, porque siempre he sido una mujer con grandes desafíos, desde los más grandes hasta los más mínimos los cuales me han llevado a lo inimaginable, me quite la botarga del miedo y liberé la mujer llena de cualidades, esperanza y seguridad puedo decirles que vencí el miedo, ahora llegue a realizar mi sueño donde emprendí un pequeño negocio como técnica de uñas, un sueño que vivía en mí desde los 14 años y lo he realizado hoy a mis 47 años, soy voluntaria y cofundadora de la organización sin fines de lucro "CORAZÓN DE VALOR Y FORTALEZA".

Junto con Janneth Hernández quien me abrió sus brazos incondicionalmente, ella es para mí, más que una amiga incondicional, una hermana, una compañera de lucha y un gran ejemplo a seguir, me ha apoyado a seguir fortaleciendo mis habilidades y me ha inspirado a luchar por mis sueños.

Gracias a su apoyo ahora estoy apoyando a padres que tienen hijos con capacidades diferentes, ya que yo soy mamá de una hermosa jovencita con Síndrome de Dawn, un reto que también enfrenté con miedo a lo desconocido, pero mi amor me dio el valor para crecer, una joven independiente y muy hermosa, ahora puedo mirar atrás sin miedo, porque he sabido ser una mujer que seguiré desafiando los miedos, los cuales me han dado experiencias que me han llevado a ser mejor madre, esposa, hermana tía, hija, amiga y ser humano, ahora los miedos son mis compañeros, porque sin ellos no sería lo que soy ahora "Una mujer que seguirá Desafiando sus miedos.

Vence el Miedo hoy y da el primer paso hacia tus sueños.

Deja de limitarte y recuerda:

- No eres esas etiquetas que te han puesto o que te has puesto tú misma.
- No eres tus errores.
- No eres tus problemas.
- No eres tus miedos
- No eres lo que los demás dicen de ti.
- Eres grandiosa.

Yadira Díaz García

Es originaria de México tiene la edad de 36 años, actualmente radica en Chicago Illinois, uno de los logros que ha obtenido es ser Directora de una organización sin fines de lucro en pasarelas para niñas, adolescentes y mujeres con diferentes edades, en lo cual tuvo también la oportunidad de ser actualmente la Coordinadora en este concurso de pasarela, cumplió uno de sus sueños, tener su propio programa de radio Online, con el propósito de motivar a las mujeres a llevar una vida más saludable, hoy en día ella es instructora de Fitness, dónde está entrenando a personas para que hagan lo mismo, en ser instructoras y motivar a más personas a tener un mejor estilo de vida, esta modalidad se llama "xco latín by Jackie"

Su frase es:
"Nunca es tarde para lograr tus sueños"

Nunca es tarde para lograr tus sueños

Por: Yadira Díaz García

Cómo ya saben una de mis frases favoritas es "nunca es tarde para lograr tus sueños", es lo que más me repito todos los días, así que les contaré cómo esta frase me ha motivado a luchar por mis sueños.

Muchas veces nos preguntamos ¿Quién quiero ser en la vida?, pero no buscamos esa clave para lograrlo, te cuento que desear algo o ser alguien en la vida conlleva muchas cosas que hay que saber sobrellevar en la vida tales como: una pérdida familiar, depresión, ansiedad, dificultades económicas, miedos e inseguridades hacia nuestra misma persona.

Si tú has pasado esto déjame decirte que tú puedes lograr lo que te propongas, sin importar tu nivel social ni de donde vengas.

Desde mi niñez aprendí a luchar por la vida, a ganar ese sustento y estudiar a la misma vez para poder ser alguien en la vida.

Llegar a EE. UU. a mis 14 años de edad sola con mi madre no fue nada fácil para mí, ya que no hablaba inglés y tener que adaptarme fue muy difícil, con el tiempo y los años fui desempeñando varios roles de trabajos, nunca me importó lo difícil que fueran, yo los realizaba. Gracias a todo eso y a las experiencias vividas, con el tiempo fui conociendo personas de luz que me dieron consejos y apoyo para ir logrando mis sueños.

Empecé con lo fitness en línea para motivación de mujeres con depresión y ansiedad, después logré tener participación en programas de radio, donde hablaba al público sobre seguir una vida saludable, con alimentos y ejercicios, me convertí en instructora, saque mi primer certificado llamado "Insanity Live", aun no teniendo la experiencia necesaria aún así, no me importo.

Inicié a dar mis clases, porque mi enfoque fue ayudar y motivar a otras personas a lograr tener una vida más saludable fuera de estrés y depresión, después obtuve la oportunidad de estar en Rubí pasarela fashion Show, donde fui coronada directora, también participé en otro concurso de belleza llamado Señorita Hispanoamericana Illinois donde fui coronada Miss popularidad.

Ahora mi enfoque es ayudar a lograr la meta de otros instructores y motivar a mis clientes no importa la edad ni condición para estar en una actividad física, por otro lado, es importante tener un enfoque claro de lo que quieres y juntarte con personas que tengan las mismas ideas te llevará a lograr esa visión que tanto anhelas y deseas. No pares, no desistas y si ya pasaste lo difícil, ahora sigue en lo que tanto estás anhelando.

Las claves del éxito:

- Fe
- Confía en ti
- Perseverancia
- Enfoque
- Sé tú mismo.

Adriana Santana Núñez

Adriana nació en 1983, es originaria de H. Zitácuaro, Michoacán, México, radica en Chicago, Illinois desde el 2001. Es la quinta de nueve hermanos, siempre soñó con estudiar, pero a la corta edad de 14 años tuvo que dejar la escuela. Cumplidos los 17 años, emigró a Estados Unidos completamente sola para alcanzar sus sueños, encontrándose con muchos obstáculos, desafíos y sin una guía que seguir.

Los grandes valores y principios inculcados siempre por su madre, Eulalia, fueron pieza importante para no desviarse, es madre de dos hermosas hijas, Dana, de 19 y Mariana de 18 años, a las que con amor y disciplina crio ella misma como madre soltera.

Se ha autoeducado para ser ejemplo de sus hijas a través de entrenamientos, cursos, conferencias, seminarios, talleres, libros, audiolibros, todo lo que tenga que ver con desarrollo personal y superación personal.

Eso le ha permitido conocer y practicar el perdón, hoy en día se ha convertido en una mujer empoderada, emprendedora, talentosa, creativa, positiva, alegre, determinada y visionaria.

Tiene el propósito de inspirar y tocar corazones de jóvenes, mujeres y madres solteras, a crear y alcanzar sus metas, a no darse por vencidas y a que puedan llegar a ser grandes guerreras exitosas.

Su frase favorita: "La educación es la base del éxito"

Prisionera del rencor

Por: Adriana Santana Núñez

Recuerdo que la última vez que vi a mi padre fue cuando después de golpearnos y con machete en mano nos corrió de casa a mi hermana de 17 y a mí de 14 años, yo me llené de odio, resentimiento y coraje por tantos años de maltrato físico y emocional de parte de él, nunca olvidaré que le deseaba lo peor, a veces hasta la muerte y así viví por muchos años.

En esos tiempos, al no poder realizar mi sueño de seguir estudiando, emprendí la idea más común, buscar trabajo, después de dos años y medio se me presentó la oportunidad de migrar a los Estados Unidos.

Las circunstancias me habían hecho fuerte y obligada, aprendí que la vida tiene un precio, que el que no trabaja no come y que el que no arriesga no gana, entonces tenía que arriesgarme y tomar la decisión de irme, pero algo dentro de mí impedía que yo me fuera, tenía miedo, mucho miedo, sentía un desprendimiento inexplicable, tal vez era lo desconocido o a lo mejor el riesgo, sólo sabía que tenía un dolor en mi interior, no tenía contemplado dejar por toda una vida a mi familia, a mi país que me vio crecer y a mi madre que tanto adoro.

Aquella que, sin darse cuenta de mi partida y yo con mi corazón quebrantado, le daba un abrazo, un beso y en mi pensamiento le decía adiós, partí sin decirle nada a nadie, si acaso a una sola persona, agarrando valor, tomé mis cosas y dejé todo para llegar a este país, sin estudios, sin preparación, sin completa madurez sin nada.

Lo único que traía conmigo era mucho miedo y muchos sueños por alcanzar, pero sin saber ni por dónde comenzar, no conocía a nadie, no tenía dinero, no sabía el idioma y no conocía la ciudad, yo solo sabía que quería lo mejor para mí y para mi familia.

No pasó mucho tiempo cuando conocí al padre de mis hijas y enseguida la gran sorpresa, estaba embarazada, a mis cortos 18 años ya era madre y a mis 19 nació mi segunda bebé, vivía la vida día a día siendo esposa y madre, criando a mis dos hijas y siendo ama de casa, no recuerdo que tuviera alguna meta y las ganas de estudiar se me olvidaron.

Un par de años más tarde se terminó la relación y prácticamente me quede con la responsabilidad total de mis pequeñas de 3 y 4 años, sin darme cuenta de un momento a otro, ya era madre y padre a la vez.

Mi vida se convirtió en una rutina, educaba a mis hijas con disciplina y reglas muy estrictas mientras corría de un trabajo a otro con la meta de conseguir la cantidad suficiente para saldar las cuentas de fin de mes, en esos tiempos lo único que me daba fortaleza para no derrumbarme eran mis hijas, ellas eran la motivación para seguir adelante. En ese lapso de tiempo pasé por grandes retos y desafíos, entre ellos la frustración de ser despedida de varios trabajos por falta de documentos y de no saber hablar inglés, muchas veces sufrí también de discriminación y otras tantas de acoso sexual.

Esos acontecimientos deterioraron grandemente mi autoestima y al no tener familia cercana con quien contar, me llevó a sumergirme en un sentimiento de soledad y tristeza; fueron incontables las veces que lloré a solas hasta que el sueño me vencía, posteriormente las fiestas, el alcohol y los amigos fueron el refugio perfecto para desahogar mi dolor.

Pero cuando me invadían los momentos de reflexión caía en cuenta que me sentía vacía, por otro lado, el rencor que tenía hacia mi padre y la falta de apoyo económica y moral de parte del padre de mis hijas me tenían prisionera en un abismo de frustración y enojo; poco a poco el resentimiento se había impregnado en mí, sentía que mi corazón se hacía negro y duro cada vez más.

Me perdí por un tiempo entre mis miedos, mis malos pensamientos y mis rutinas, sin darme cuenta me convertí como en un robot, sufriendo por dentro y anhelando que alguien me ayudara, era tanto el sufrimiento que mis gestos faciales delataban mi amargura. De repente vino a mí la idea común e ingenua, buscar en una persona lo que a mí me hacía falta "grave error" lo único que conseguí fueron grandes decepciones, tragos amargos y hasta el punto de caer en violencia doméstica, después de todos esos tropiezos sentí que había tocado fondo entonces comencé a comprender que había algo malo en mí, que no me dejaba ser feliz y me di a la tarea de descubrir qué era lo que me pasaba, inicié asistiendo a grupos de apoyo, terapia y consejería, eso me llevó a conocer los conceptos de desarrollo personal.

En el 2014 guiada por los conceptos sabía que tenía que sanar a mí ser interior y tenía que empezar por el perdón, porque los rencores y los malos sentimientos que albergaban en mi corazón que no me dejaban avanzar, comprendí que mi padre y el padre de mis hijas eran seres humanos que al igual que yo cometieron errores y se equivocaron.

El solo hecho de entenderlos y perdonarlos, me sentí liberada y con mucha tranquilidad emocional, como chispa divina mi vida comenzó a tener sentido y me di cuenta que era tiempo de empezar a vivir.

Después busqué ayuda espiritual y me agarré fuerte de la mano de Dios, que siempre estuvo conmigo en todo momento y de mis hijas que son mi más grande tesoro y mi motor que día a día me inspiran para ser un ejemplo para ellas. Se había despertado en mí nuevamente el deseo de estudiar y salir adelante, de ahí las ganas de auto educarme, instruirme, superarme y prepararme profesionalmente. Tomé todo lo que me servía, me registré en diferentes cursos, talleres, entrenamientos, conferencias, seminarios, empecé a leer libros y a escuchar audio libros, tenía una sed insaciable de aprender, esas enseñanzas hoy en día han dado fruto, dándome conocimiento, ganas de seguir avanzando, lograr sueños y trazar objetivos. Ahora me siento una mujer renovada y capaz de alcanzar grandes aspiraciones y lo mejor, con grandes propósitos, proyectos y metas en la vida.

Hoy por hoy soy emprendedora, inversionista y autónoma, aún continuó trabajando en mi persona para poder llegar a ser la mejor versión de mí, con mi historia pretendo inspirar y tocar el corazón de todas aquellas mujeres que aún hasta el día de hoy no han podido conocer el perdón, que también han pasado por dificultades emocionales y de violencia doméstica, que al mismo tiempo han tenido que ser madres y padres de sus hijos.

Me encantaría susurrarles al oído y decirles que no están solas, que se tienen a ellas mismas y en su interior mucho potencial, fortaleza y valor del que ni se imaginan, que solo es cuestión de buscar dentro de ellas mismas.

Y no necesitan tener a un hombre a su lado para sentirse amadas y realizadas, quiero animarlas a valorarse como mujeres y como seres humanos, a ser independientes, trabajadoras, luchadoras y emprendedoras, que, así como yo y muchas más mujeres hemos podido, ellas también pueden. Quiero recalcar compartiendo mi secreto "la educación" ya que es una de las tantas herramientas indispensables en esta vida para salir adelante, con la educación se nos abren muchas puertas, porque el conocimiento es poder y entre más nos instruyamos mejores oportunidades podemos tener.

Y como sabemos el mejor proyecto en el que podemos trabajar siempre es en nosotras mismas, porque nosotras somos prioridad, somos la base fundamental y el corazón de nuestras familias.

Mujer deshazte de todo aquello que no te deja avanzar, tus miedos, tus rencores, tus odios, tus inseguridades, tus angustias, deséchalas y comienza a tomar dirección, no te preocupes si caes o tropiezas, saca fuerzas para volver a intentar una y otra vez si es necesario, pero vuélvete a levantar porque todas somos capaces, valientes, inteligentes, hermosas por fuera y por dentro, trabajemos duro para encontrar nuestra pasión y como dicen los libros, nuestra pasión es aquello que haríamos sin que nos pagaran, púlete y trabaja en practicar, aprender a hacer eso que mueve tus sentidos, encuentra tu propósito para dejar huella en este mundo, sumando en la vida de los demás y dejando un legado para los que te rodean.

Despierta mujer, porque vivir es más bonito que soñar, ten compasión para perdonar y olvidar, para romper esas cadenas que te hacen prisionera del rencor. Tú tienes un futuro brillante y lleno de esperanzas, saca esa valiente que está dentro de ti para trascender los obstáculos y agradece todos los días por lo bueno y lo malo que te brinda la vida y por último, comparte poquito de las tantas bendiciones que Dios te regala, dando amor a manos llenas sin esperar nada cambio.

"Perdonar es abrir la puerta para liberar a alguien y después darte cuenta, que la prisionera eres tú".

-Max Lucado

Karina Hernández

Karina Hernández is currently a junior at Holy Trinity high school. Born and raised on the south west side of Chicago, Karina appreciates the diversity that is present in Chicago. I love downtown Chicago and the city lights at night. I appreciate my parents for having me and for being able to experience their culture.

She is passionate about social justice and activism. She is a 2019 alumni of Chicago Freedom School's Freedom Fellowship. The Freedom Fellowship provides educational and leadership opportunities for youth to develop as critical thinkers, leaders, and organizers for positive community change.

Karina is an active member of CFS's Youth Leadership Board, which creates space for youth to take leadership in the governance of Youth Programs at Chicago Freedom School. As stake-holders in the organization, the YLB also supports with strategic planning and staff hiring. As a Summer Leadership Institute Youth Coordinator, Karina facilitated workshops on social justice, supported Fellows with their organizing, and ensured the values and frameworks of the organization are being upheld. Ms. Hernandez is also a member of the youth advisory board with the Chicago Battered Women's Network. As a youth advisory member, she participantes in the group in order to get a better understanding of domestic violence and participants in the trainings.

Resistir para vivir

Por: Karina Hernández

Mi mami siempre suele decir que "la resiliencia es resistencia", porque tenemos la capacidad de enfrentar las adversidades, las personas resilientes no nacen se hacen y son personas que viven conscientes de sus potencialidades y limitaciones, el autoconocimiento y la confianza en uno misma, son nuestras mejores armas para enfrentar las adversidades y los retos, solo hay que saber usarlas a nuestro favor.

Cuando era pequeña recuerdo que mi mami cada octubre organizaba una caminata en la comunidad donde vivíamos, siempre la acompañamos mis hermanos y yo, en realidad no entendía mucho por qué mi mamá hacía eso, hasta que fui creciendo y me fui dando cuenta del significado de esa caminata "purple" como solía llamarla mi mami, creo que fue entonces cuando empecé a despertar mi conciencia y a darme cuenta del mundo real en el que vivimos.

Cuando me di cuenta del mundo real en el que vivimos, yo estaba en octavo grado con 14 años de edad, era muy joven todavía, pero ya más o menos entendía el significado del trabajo de mi mamá y porque lo estaba haciendo.

En ese verano del 2019 me inscribí en un programa de liderazgo de "Chicago Freedom School" en ese programa aprendí a ser yo misma, a confiar en mí, a tomar iniciativa, a tener voz para no permanecer callada ante las injusticias, todos somos partes de una comunidad por lo tanto, lo que sucede a nuestro alrededor nos afecta a todos, hay mucha gente que prefiere no hablar, o no ponen atención, o permanecen indiferentes ante tantas injusticias y todas las cosas que vivimos, pero involucrarse en lo que se vive en la sociedad debería ser una tarea de todos como ciudadanos.

Recuerdo que en ese mismo año me fui a muchas caminatas y protestas que había en Chicago y también en el año 2020 fui al Black Lives Matter movimiento, cuando estaba en esa protesta, ese día estaba con voz alta y me sentí muy bien de mí misma, ese día tenía mucho miedo de usar mi voz, pero mi mamá me decía que "debo estar confiada en mí misma"

Yo he visto a mi mamá atravesar cada uno de los obstáculos que la vida le pone, pero aun así ella sigue luchando por sus sueños no se da por vencida, se resiste a conformarse con una vida sin sentido, sin propósito, sin visión, sin sueños por los que luchar y eso es una gran enseñanza para mí, ella es mi inspiración, mi motivación, mi gran maestra y sobre todo mi mejor amiga.

Gracias a las cosas que ella me ha enseñado, tengo ahora una visión diferente de la vida, pero también una visión clara de quién soy y lo que quiero ser en la vida como una joven de 16 años, puedo ver claramente que es necesario ser parte de esos cambios y alzar nuestras voces para poder crear espacios donde podamos tener plena libertad de expresión, donde nuestras voces realmente sean escuchadas, vivimos en una sociedad a donde se nos obliga a permanecer calladas, pero eso no quiere decir que tenemos que hacerlo, ¡no, no, todo lo contrario hablemos fuerte, claro y sin miedo!

¡Mi visión va más allá de lo que puedo ver a simple vista, la vida es mucho más que sobrevivir a un sistema impuesto, es movernos hacia adelante, tener iniciativa, para crear los cambios que queremos y no conformarnos con ser simplemente una más del montón!

Con eso quiero que sepan que yo con sólo 16 años soy muy independiente y no me quedo callada, es para todos porque a mi papá y a mi mamá les digo mis opiniones y no me quedo callada.

Porque por parte de mi mamá yo he escuchado la expresión que dice "calladita te ves más bonita" pero no, calladita no te ves más bonita, esta expresión no es cierta porque en la realidad no te ves más bonita, expresándote, defendiendo tus derechos y alzando tu voz cada que es necesario te ves más bonita.

Las mujeres no sólo tenemos derechos sino también grandes habilidades y fortalezas.

Por último, quiero terminar compartiendo estas frases de mi mami que me han inspirado cada día "somos los agentes de cambio en nuestro propio proceso de empoderamiento" y "debemos tomar las riendas para dirigir nuestra vida, no dejes que nada ni nadie te límite".

Janneth Hernández

Adriana Peña

Adriana es una artista de Chicago nacida en México. A su llegada a los Estados Unidos, experimentó con muchas nuevas tendencias artísticas estadounidenses, pero nunca perdió sus fuertes raíces mexicanas, buscando calmar su profundo anhelo por su tierra natal, probó a nivel autodidacta con la escritura, el modelado, la fotografía, el arte digital, la ilustración tradicional, el bordado y la pintura a nivel personal; pero no fue hasta 2013 después de una invitación, que comenzó a mostrar su trabajo públicamente en eventos locales e internacionales.

Sus obras han sido exhibidas en Nueva York, la avenida Michigan de Chicago y en suburbios cercanos como Pilsen, Back of the Yards, Hyde Park, Berwyn y actualmente en el Centro Cultural Los Pinos en la ciudad de México.

Muchas de sus obras han viajado dentro de los Estados Unidos para colecciones privadas a California, Washington, Pennsylvania, Ohio, Florida, Texas, Nevada y Michigan, internacionalmente a Japón, Australia, España, Alemania, Ecuador y ahora aparte de dedicarse a seguir creando murales y piezas de arte, se dedica a apoyar a su comunidad en Chicago, dando talleres que acercan a las personas a sus raíces mexicanas.

Aunque su trabajo está inspirado en gran parte por el amor por México, también es una expresión de su creencia y admiración personal, así como de respeto y amor por la naturaleza, estos elementos son parte esencial de sus obras de arte actuales, mi trabajo representa todo lo que disfruto, representa mis raíces mexicanas, mi admiración por otras culturas, mi amor y respeto por la vida, ser artista me permite expresarme, compartir mis pensamientos y lo más importante, me da la flexibilidad para cuidar de mis hijos.

Fui una "artista de armario" hasta 2013 cuando me animé a participar en una subasta de arte para una fundación; desde entonces he estado participando en todo tipo de exhibiciones, incluyendo exposiciones solistas.

Soy artista residente en Pilsen Arts & Community House, donde imparto talleres de bordado mexicano, talleres de artes terapéuticas, en el 2020 fui artista residente de Hyde Park Art Center gracias al colectivo Mujeres Mutantes. También cree un pequeño negocio en línea que lleva por nombre "Meshikanita". Pensando en estos últimos años, me siento muy bendecida y muy agradecida de tener grandes personas en mi vida, mujeres poderosas de quienes aprendo mucho, siento que todo eso es lo que hace que mi vida y mi trabajo de artista sean especiales, cuando gente positiva está a mi alrededor siento que la magia se vuelve real.

Gracias por acompañarme en esta caminata.- Adriana Peña.

Mi lema:

"Siempre sé curiosa" "Ten curiosidad por saber, ten curiosidad por el origen de todo, ten curiosidad por lo que te hace feliz, ten curiosidad por tu propósito en esta vida y nunca dejes de aprender"

Crónicas de una migrante latina

Por: Adriana Del Rocío Peña Aka Meshikanita.

El ADIÓS.

El año 1999 fue un año de grandes decisiones para una jovencita de apenas 19 años.

Fue una tarde calurosa cuando tomé el transporte público con una mochila al hombro, me senté en un asiento junto a la ventana, la abrí, el viento cálido acariciaba mis mejillas, mientras veía mi ciudad natal por última vez.

No hacía muchos días me encontraba en la escuela abriendo computadoras, aquel tiempo fue comienzo de una nueva era tecnológica y estaba asombrada con la bella complejidad interna de las nuevas máquinas inteligentes, jamás me hubiera imaginado que en los próximos días aquel sueño de convertirme en una técnica en sistemas tendría que esperar.

Los edificios coloniales pasaban rápidamente durante mi viaje en autobús; el centro de mi ciudad está lleno de edificios históricos que podrían contar historias fantásticas — *Sí, ésta sería la última vez en mucho tiempo antes de que los volviera a ver* — Mis pensamientos se dispersaron entre mi pasado y mi futuro, dejaba atrás una vida llena de sueños y dificultades para emprender un nuevo capítulo en mi vida, según decían, ir a los Estados Unidos te daría estabilidad económica y como la mayoría de los emigrantes, nuestro plan también era ir por uno o dos años para trabajar y regresarnos en cuanto juntáramos suficiente dinero para comprar una casa o iniciar un negocio familiar.

Hoy han pasado más de dos décadas en este lado de la tierra en donde ahora he vivido más de la mitad de mi vida, es increíble lo rápido que pasa el tiempo y más increíble es que a pesar de tantos años aún puedo recordar y sentir aquel calor seco del mes de abril, el olor único de tierra mojada y el sonido de la avenida donde viví los últimos años antes de emigrar de mi ciudad natal.

Ya en la central camionera, mi madre, algunos de mis hermanos y seres queridos llegaron para despedirme — *Mis lágrimas ruedan mientras recuerdo esta escena* — Mi padre no fue a despedirme, pero en su lugar mi padrino de bautizo me despidió con un fuerte abrazo, con dinero para el camino que puso en mi mano cerrándola me dijo "Hija, no es mucho, pero ojalá te sirva de algo, que Dios te acompañe" — Me dio la señal de la cruz — "Cuídense mucho, los esperamos pronto, no se queden mucho tiempo allá"

A mi madre le rodaron las lágrimas por las mejillas mientras también me daba su bendición y mis hermanos, los que pudieron venir porque todos eran muy pequeños, comenzaron a llorar calladamente mientras me abrazaban, fue una despedida que se sintió larga y dolorosa, no recuerdo si me hice la dura y no llore porque no me gustan las despedidas o si se me escaparon las lágrimas en ese momento... lo que sí recuerdo es no parar de llorar durante casi todo el viaje en camión a la frontera norte de mi país; allá iba aquella jovencita de apenas 19 años, con un mundo de sueños por realizar y muchos otros por descubrir.

En el camión a la frontera, viaje con algunos familiares de mi esposo con quien recién cumplía un año de casada y quien ya me esperaba en Chicago, iba una prima, su esposo y su hijo, la prometida de un hermano de esta prima y el esposo de otra prima; presencialmente no iba sola, pero mi alma se había quedado parada entre mi gente en aquella terminal de camiones.

Durante el día ya en carretera, vi pasar todo tipo de paisajes, viajamos entre vistas llanosas con pasto seco, grandes hectáreas con árboles de nopal, vi cerros gigantes, barrancas sin fin, lagos extensos, cielos llenos de nubes aborregadas, pasamos a través de otras ciudades y me quedaba maravillada con la diversidad que caracteriza a mi país.

Por la noche solo veía muchas estrellas o el horizonte en el camino que proyectaba cerros oscuros, otras veces veía árboles sombríos corriendo a la orilla del camino, eso sí, la luna nunca me dejó sola, porque ella y yo tenemos un pacto desde que yo era una niña...

Yulissa Argueta

Yulissa es una muchacha de 20 años nacida y criada en el lado sur de Chicago. Ella creció con una madre soltera de descendencia salvadoreña. Yulissa conoció a su padre biológico a la edad de 9 años y luchó para construir una conexión, pero falló.

Su padrastro asumió el papel desde entonces, Yulissa tiene un alma creativa, siempre abierta a nuevas formas de mostrar su creatividad como pintar, escribir, coser y hornear, de pequeña participó en muchos concursos de belleza representando sus raíces de El Salvador.

Ahora ella es una barbera y estilista licenciada que acaba de comenzar su viaje en la industria de la belleza y el cuidado personal con 2 años de experiencia. Ella cree firmemente que cuando te sientes bien y te sientes seguro(a) haces las cosas bien y con buena actitud.

La misión de Yulissa es tocar las vidas de quien se sienta en su silla, ya sea con una conversación o haciéndolos sentir cómodos con ser ellos mismos, su propósito en la industria es mostrar al mundo sus talentos y demostrar que no tienes que seguir las normas de la sociedad y acomodarte a ellos, sino ser siempre tú mismo.

Yulissa quiere difundir la compasión, la motivación y mostrar cómo su resiliencia la ha llevado a donde está hoy y a donde va a llegar.

Por: Yulissa Argueta

Yulissa siempre ha estado inspirada por la resiliencia que sus padres mantuvieron durante años difíciles y fáciles.

En el año 2009 apareció su papá biológico (Pedro) a quien conoció por primera vez a los 8 años, Pedro insistió en conocerla entonces fueron a terapia con un psicólogo cada semana, a medida que pasa el tiempo hacen la transición a visitas de hogar por una hora, y pasan años y hacen la transición para que fuera Yulissa a conocer a su familia de lado del padre.

Tiene 5 hermanos de parte de Pedro, no fue fácil para Yulissa y se encontró perdida mentalmente por un tiempo y terminó sacando su frustración en sus interacciones día a día.

Un día tuvo un desacuerdo con su mamá y de tanto coraje Yulissa se fue a vivir con su papá biológico por tres meses, en ese tiempo una prima de Yulissa estaba organizando su baile para su quinceañera y un primo de Texas fue el chambelán de honor y se quedó a vivir con su tío, el papá de Yulissa, al mismo tiempo que Yulissa se quedó a vivir con Pedro. Sufrió mucho abuso físico y mental de sus 2 hermanos (años 13 y 15).

El primo de Texas de 17 años, asaltó sexualmente a Yulissa a los 14 años por dos meses incluyendo en su cumpleaños.

Yulissa pasó su primer cumpleaños lejos de su familia, la pasó deprimida y frustrada, cuando ya no pudo más y quiso regresar a casa de su madre, Pedro se enojó con ella y trató de convencerla de que no se fuera, en el momento donde Yulissa le iba a contar lo que le estaba pasando entró el primo para despedirse.

Juan fue la primera persona a quien Yulissa le contó su tragedia, prometió que todo iba a estar bien, su mamá fue la segunda persona a quien le contó, aunque estaba triste y enojada no decidió tomar acción en el asunto y causó que Yulissa tuviera mucho rencor con su mamá.

La mamá de Yulissa solo quería protegerla y alejarla de su dolor; un día en la secundaria Yulissa pasó por bullying de un novio y sus amigos de que fue asaltada sexualmente, de tanto sentimiento Yulissa lloró en una clase, su maestro le preguntó si todo estaba bien y en cuanto Yulissa le dijo de lo que estaba pasando la llevó con una trabajadora social.

Yulissa después de contarle que le paso la trabajadora social le busco y le encontró ayuda, fue un proceso largo.

Yulissa y su mamá estuvieron bajo investigación, el próximo paso era tomar terapia con una terapista en él CCAC Chicago 's Children's Advocacy Center donde tuvo una terapista que se llama María, de Cuba, abrió el corazón de Yulissa, ayudó a abrir la mente de Yulissa a los 14 años, y tuvo el placer de aprender mucho de María.

Cómo sobrellevar sus frustraciones y poder saber cuál era la raíz de su dolor, después de un año María tuvo que despedirse de Yulissa.

Yulissa durante la transición de cambiar terapista se involucró en grupos de yoga de parte de CCAC en cual la ayudó a "aterrizarse" por así decir, la segunda terapista que conoció se llama Margarita una güera que estudió en Perú y era muy fluente en inglés y español que ayudó mucho en poder quebrar la barrera de lenguaje que Yulissa tuvo con su mamá.

Margarita incluyó muchas actividades en las terapias como hacer arte, jugar juegos psicológicos y físicos, le ayudó a poder aceptar que lo que le pasó es en el pasado, que es parte de ella y de su historia, esto solo la ha hecho una guerrera.

Desafortunadamente, el 5 de enero 2017 Yulissa intentó suicidarse. Se tomó media botella de pastillas para el dolor, se autolesionó la garganta y se desmayó, había dejado un mensaje a su mejor amiga y ella fue quien le dijo a la mamá qué Yulissa necesitaba ayuda inmediatamente.

La tuvieron que llevar al hospital de comportamiento en donde estuvo por una semana, en el hospital había adolescentes que han pasado por fallecimientos de familiares, eran violentos, tenían depresión, ansiedad o huyeron de sus hogares.

Yulissa compartió su cuarto con una niña de 10 años que estaba ahí por su TDA/H (síndrome de déficit de atención) tomó terapia y medicamentos para poder tranquilizarse y comportarse como una niña "normal"

Durante la semana qué pasó en el hospital aprendió mucho, le dio la perspectiva que no está sola y qué hay muchos niños que en verdad necesitan ayuda y amor, se fijó que tiene que enfrentar su camino.

Margarita fue a ver a Yulissa en el hospital y platicaron por horas, diciéndole que todo pasa por una razón y que nunca se le olvide a Yulissa el poder que ella tiene adentro, que ni ella lo conoce.

En el hospital le recetaron medicina para la ansiedad y la depresión, pero la medicina sólo la empeoró, incluso la medicina le causó malas reacciones en el cuerpo, su estado de ánimo cambió y era como un zombi andante, no le gustó cómo la hacía sentir, entonces paró de tomar el medicamento, pero continuaban sus pensamientos de quitarse la vida.

Después de un año yendo a terapia con Margarita, ella encontró otro trabajo y se tuvo que despedir de Yulissa.

Yulissa paró de ir a terapia desde entonces, sufrió mucho al no poder contarle sus problemas, desahogarse, poder poner atención en la escuela, motivarla a salir adelante, poder platicar de ideas de cómo Yulissa se podría empoderar más a ella y sus relaciones con sus seres queridos; Yulissa todavía tenía pensamientos de suicidio.

Iba a la secundaria y se le antojaba tirarse del tercer piso de la escuela, cuando cruzaba la calle pensaba en tirarse enfrente de un carro; eran pensamientos que se pensaba todos los días, fue cuando se enteró que necesitaba hablar con alguien.

Tuvo mucha confianza con una de sus maestras favoritas de la clase de coro, le contó que no se siente bien mentalmente, la maestra Ms. QC le dio mucho amor y prometió verla cuando estuviera mejor.

Ese día La mamá de Yulissa la tuvo que recoger inmediatamente de la escuela y llevarla al hospital de comportamiento por segunda vez.

La mamá de Yulissa estaba muy confundida porque Yulissa siempre escondía cómo se sentía adentro.

Esta vez en el hospital compartió el cuarto con una muchacha de la misma edad, era muy tímida, nunca hablaba al menos de que un adulto le hiciera conversación, la muchacha, Jessica de 16 años, era muy flaquita era de Wisconsin y tomaba muchos medicamentos para TEPT (Trastorno de Estrés Postraumático) para el insomnio y para la depresión. Le contó su historia a Yulissa, le contó que ella fue víctima de trata de personas por 2 años y quedó muy mal, ella se autolesionó con su propia uña que dejó crecer en el hospital, ella ya tenía casi un mes internada porque no mejoraba, solo tenían autorización de hacer una llamada de 10 minutos cada día y un día de visitas a la semana, su familia es de Hayward, Wisconsin.

A 8 horas de aquí su familia no podían venir a visitarla cada semana y al estar lejos ella los extrañaba y se sentía peor, ella le enseñó la resiliencia a Yulissa, encontró una amiga en ella, cuando Yulissa tuvo la oportunidad de hablar con un doctor le preguntó si es posible tomar terapia otra vez y dijo "claro" cuando salió del hospital pusieron a Yulissa en otro medicamento para tratar su depresión y la llevaron a otro sitio de terapia en donde encontró su tercera terapista Vivían.

Vivían es mexicoamericana y tenía 28 años en ese tiempo, entonces fue fácil poder comunicarse y entender a Yulissa y a su mamá. Las terapias eran versátiles, a veces incluían a la mamá de Yulissa, planificaban la semana con tareas, esto ayudó a que Yulissa encontrará su organización para poder pasar tiempo saludable con ella misma y su mamá.

Juntas leían libros de psicología que ayudaron a Yulissa a entender que no hay que tomar las cosas personales, cada persona es un ser humano igual que ella, no hay nadie perfecto, todos también tienen una historia, no hay que juzgar a personas, sino que entender de dónde viene lo que alguien dijo, o entender el "¿por qué?" de cómo alguien se comporta, poder platicar y entender a las personas le encanto a Yulissa.

Con el tiempo se sintió más segura de sí misma de quién era y que la define; Yulissa contactó a una prima en una fiesta de familia y vio a su familia de parte de Pedro, por primera vez en años y habló con su madrastra (con quien tuvo una relación cercana).

Le contó todo lo que le pasó, por qué se fue, como había triunfado y le pidió disculpas por no haber dado una explicación.

La Madrastra le pidió tantas disculpas y le dijo que contaba con ella en cualquier cosa, aunque no fue fácil, pero tomó mucho para que Yulissa superará lo que le pasó y poder confrontar a las personas cara a cara.

Yulissa es una guerrera de corazón y sus raíces solo la han hecho más fuerte, a su corta vida de solo 20 años ya ha vivido muchas situaciones que la han hecho más fuerte como mujer, como hija y amiga.

Yulissa no dice su historia para hacerse víctima si no para contar su camino y poder ayudar a otras víctimas a encontrar ayuda y poder tener confianza, que al final todo estará bien, ya que las estadísticas dicen que una de cada nueve niñas y uno de cada cincuenta y tres niños menores de 18 años experimentan abuso o agresión sexual a manos de un adulto. El 82% de todas las víctimas menores de 18 años son mujeres. Las mujeres de 16 a 19 años tienen 4 veces más probabilidades que la población general de ser víctimas de violación, intento de violación o agresión sexual.

Yulissa tiene una voz, igual que tod@s las víctimas de violación sexual, Yulissa es firme en creer que todos podemos ser escuchados y encontrar la ayuda para salir adelante, no tenemos que tener miedo a lo que puede ocurrir mal, sino que siempre tomar la decisión para hacer lo que es mejor para ti mismo.

Isabel Fernández

Isabel cantante, compositora, escritora, dramaturga, actriz, nació en Xalapa Veracruz; desde los 6 años comenzó su carrera cantando en pequeños escenarios, a los 13 años, se integró a su primer grupo tropical, en donde presentaba temas de su propia inspiración, sus compañeros la llamaban la "chiquis" el nombre con el que se dio a conocer entre el público grupero, en sus presentaciones compartía escenarios con grandes artistas y grupos internacionales, por nombrar algunos: la Sonora Santanera, los Socios del Ritmo, la Sonora Dinamita, Grupo Garibaldi, los Ángeles Negros, los Pasteles Verdes, los Babys entre otros.

Pájaro de mil Colores

Por: Isabel Fernández

Hola, mi nombre es Isabel Murray, porque ahora uso mi nombre de casada, soy cantante, compositora, escritora y muchas cosas más, que mi vida me ha permitido ser, pero sobre todo soy una fiel creyente de un mundo mejor; quiero contarles que cuando me invitaron a participar en este proyecto, me sentí preocupada, tardé muchos días pensando qué decir, el ¿por qué?, bueno, en primera pensé, "¿cómo lo hago?"

Yo no soy motivadora, ni tengo experiencia para dar un consejo que pueda ayudar, entonces comencé a recordar un poco mi vida, la cual fue demasiado difícil, no quiero entrar en competencia con nadie, porque siempre hay alguien que la ha pasado peor, pero como te cuento, desde muy niña escuché de mis familiares adoptivos esas horribles palabras, "tú nunca vas a ser nadie, seguro te vas a dedicar a tener un chorro de hijos, eres una perdedora, jamás en tu vida vas a tener nada" con esas palabras fui creciendo y conmigo la falta de fe.

Me sentía diminuta y no conocía el amor propio, crecí sin autoestima, menospreciando mis talentos, que para aquel entonces otras personas alababan cuando me escuchaban o leían algo que yo hacía, yo cantaba desde muy niña y siempre fue mi sueño ver a la gente disfrutar de todo lo que yo podía dar, cuando tenía 6 años unos tíos me llevaron a vivir con ellos por un tiempo, la vida a su lado era difícil, pero era mejor que con mi familia de crianza, mis tíos al ver mi talento me llevaban a todos lados para que cantara y fue así como comencé muy niña a cantar en los escenarios, solo que un día mi madre adoptiva se dio cuenta y con amenazas los obligaron a regresarme a casa, así volví a recibir mi dosis diaria de "no sirves para nada"

Un día, cuando tenía catorce años simplemente ya no soporté y salí de esa casa, tan solo con el vestido y las sandalias que traía puestas, no tenía nada, incluso tuve que dormir bajo las estrellas y a veces con frío, pero sabía que de ahí en adelante la única directora en mi vida era yo y si, así fue, no lo niego, he vivido como en la rueda de la fortuna, pero cada vez que estaba abajo me era más fácil subir, porque mi rebeldía de no ser lo que los demás querían de mí, me hacía impulsarme más fuerte hacia arriba, fue ahí donde me di cuenta de que era exitosa.

Y si, después de todo eso me di cuenta de que si podía ayudar a alguien con un testimonio como el mío, no necesitaba ser orientadora, ni motivadora, tan solo necesitaba decirle a cada una de las mujeres que están leyendo estas líneas, que caer una y otra vez me ha hecho levantarme más rápido, porque la experiencia que adquiero con cada bajada, cada vez me lleva más lejos, de aquella niña llena de miedo, solo queda la rebeldía de no permitir que nadie mate mis sueños, aquellos que poco a poco voy viviendo, aquellos que me dijeron que jamás podría alcanzar, aquellos sueños que hoy vivo día con día ¿saben?

Las personas que algún día pensaron verme de alfombra, ahora me miran con admiración, porque saben que soy quien soy por mí misma y que todas las lágrimas derramadas sirvieron para aclarar mi camino.

Hoy por hoy te invito a creer en ti, a valorar cada uno de tus pasos, a respirar el oxígeno de vida que puedes disfrutar cada vez que abres los ojos, ¿sabes?, soy una mujer exitosa, porque he logrado sobresalir en lo que he querido, yo tengo metas y no tengo límites, yo tengo esperanzas y conozco una palabra mágica para salir adelante "voluntad" eso me hace decirte con toda la seguridad del mundo que ¡Si yo pude, tú puedes!

Les voy a dejar uno de mis poemas favoritos que escribí hace tantos años en una de mis crisis más difíciles y que incluí en una de mis películas porque siempre me he considerado un pájaro de mil colores.

Vuela pájaro de mil colores

Vuela pájaro de mil colores,
Vuela y forma tu arcoíris en el cielo,
Tú puedes sonreír a la luna y besar al sol tan solo con,
Extender tus alas y despertar tu propio amor.

No te permitas más lamentos,
No te permitas más dolor,
Y las lágrimas que algún día se vertieron,
Ahora sean luces multicolores.

Vuela..... vuela.... vuela,
Dirígete a la luz de la vida,
Vuela y canta... vuela y vibra,
Que tu sonrisa sea alabastrina.

Olvida tus miedos, disipa tus dudas,
Persigue tus anhelos,
Conquista el cielo y triunfa.

Habla con tu propia boca y
Escribe con tus propios dedos.
Vibra con tu propia estrofa.
Ponle música a tus adentros.

Cumple tus sueños, limpia tu alma,
Hazte amigo del universo,
vuela... vuela..... vuela y canta,
Aduéñate del viento.

Vuela pájaro de mil colores,
Vuela y muestra tu grandeza,
Vuela pájaro de mil colores,
Tú eres tu propio poder,
Tú eres tu propia fortaleza.

Loran Sanpriet

Lorenza Sánchez nació el 5 de septiembre de 1971, en Gabino Barreda Veracruz, hija de Irma Prietoly Ponciano Sánchez, siempre ha sido muy apegada la familia desde niña, siempre le gustó estudiar y ser muy soñadora, le fue difícil al principio, ya que se convirtió en madre de un hermoso bebé llamado Diego Alberto a la corta edad de 18 años, pero para ella nunca existían los límites, llegó a la universidad, pero ella quería seguir y sus sueños fueron puestos a prueba, ya qué pasó situaciones muy personales que marcaron su vida, pero aun así nadie la hacía parar de soñar, actualmente reside en New York, es escritora y autora del libro "Autotransformación" mucha gente la conoce por su gran corazón.

Esencia de Mujer

Por: Loran Sanpriet

Nosotras las mujeres nos conocemos por su esencia, pero caminar en la vida es duro, ya que algunas veces nos enfrentamos a obstáculos que se vuelven en nuestra vida en un verdadero reto, sin embargo la mujer por naturaleza es una creación divina, arriesgada, perseverante, bondadosa, inteligente, optimista alegre, decidida y tolerante es un ángel aquí en la tierra es una dama abierta como las flores y usa su fortaleza para cualquier situación, no importa cuántas veces se caiga ella siempre sabe levantarse aunque le hayan pisoteado.

Ella siempre piensa en restaurarse, nunca se da por vencida como digna hija de Dios, siempre será fortalecida protegiendo su esencia con amor y pensando "oh Dios mío soy más que bendecida" cuando llegan los problemas solo pienso en mi vida, todo tengo que resolver con optimismo y alegría sin pensar que sucederá mañana, solo vivo este día.

Con todo mi cariño tienes que entender que esos tiempos ya acabaron en tu vida, el solo de ser mujer mírate al espejo y espera el atardecer.

A mucho orgullo de serlo, es un privilegio hermoso que Dios nos dio derecho como emprendedoras y dispuesta a darlo todo, ella no se rinde tan fácil, es muy fuerte como un roble. La esencia de la mujer es como el alma de las personas, sabe ser una mujer especial, pero nunca la pongas a prueba y por respuesta no le digas un no, porque despierta su monstruo interior levantándose con más fuerza y buscando su propio yo, aunque todos la abandonen siempre ha confiado en dios porque sabe que es un diamante brillante que él mismo la diseñó para mandar a la tierra y la adornará como una flor.

Es como la aurora de la mañana que con su rocío la llena de su fragancia, siempre la verás tan fuerte, alegre hermosa, pero jamás sabrás que es lo que arrastra, sabe disimular muy bien a todo lo que ella pasa, es una inspiración para muchas mujeres que han vivido lo mismo, pero siempre con su corazón lleno de esperanza. Nunca dejando de ser especial y jamás perdiendo su elegancia, el hecho de ser mujer es un don divino, siempre agradeciendo al Creador por su obra conmigo, somos como las guirnaldas siempre florecientes por naturaleza, solemos ser una mujer especial, aunque eso siempre nos cueste, lo más importante en la vida no es siempre el ser bonita, es guardar siempre en tu alma todo lo que tú conquistas.

Ser una mujer con esencia significa tantas cosas, de cómo desde nuestro nacimiento traemos esas ganas de vivir, de ser hija, hermana y luego haces tu propia vida, sin pensar en que si te casas por amor todo será felicidad, pero no es como nosotras lo imaginamos, el matrimonio es un trabajo arduo, como mujer nos toca desempeñar un papel como lo hizo nuestra madre con nosotros, al iniciar ser mamá por primera vez nos llena de bendiciones, así es como empieza nuestra verdad, cómo mujeres algunas pierden su dignidad por situaciones del destino, pero nunca bajando la cabeza y llenándose de mucho ánimo, pero no todas corremos con la misma bendición de poder nacer dentro de un hogar de familia.

Cada una de nosotras tiene su propia historia, sus verdades, aunque sus lágrimas se hayan derramado durante el trayecto de su vida, pero eso no es impedimento para poder levantarse, aunque sea de rodillas, siempre llega a la meta. Luchar por lo que queremos siempre ha sido nuestro sueño, nunca dejando el don de ser mujer, porque solo Dios es nuestro dueño es el que nos levanta sin importar de donde vengamos, somos visionarias.

Dios nos dio la sabiduría y la inteligencia de que si caemos sabemos cómo salir, no aceptar los límites porque si tienes a Dios no hay límites que tú no puedas cruzar, cuando Dios nos hizo, lo hizo con tanto amor que nuestra belleza es grande y podemos soportarlo todo y calmar nuestro dolor, solo quiero que leas estas líneas con amor y si guardas una tristeza recuerda que eres una flor, la más bella y aromática que adorna los jardines. Las mujeres visionarias, con valor, que no se caen tan fácilmente, siempre buscan orientación para fortalecerse y salir de esa prisión, no te encierres en ti misma, busca siempre una salida que todo tiene solución en esta vida, menos la muerte. Desde lo más profundo de mi corazón escribí estas líneas, para darte mi apoyo total, cuando te sientas en lejanía recuerda que no tienes que callarte nada, porque estamos regadas por todo el mundo, pasando la voz y gritando con muchas fuerzas, no permitiremos que nadie jamás baje la cabeza, somos una estrella brillante que Dios nos dio por naturaleza, juntas hacemos la diferencia y si tú quieres ser diferente únete como las águilas emprendiendo también tu vuelo y haz la diferencia, levántate actúa y camina que al final mirarás hacia atrás y dirás "gracias Dios cuánto tuve que caminar"

Pero valió la pena esperar, así somos las hijas divinas del creador, nunca perdiendo la elegancia aunque esté sangrándote el corazón, Dios bendiga a todas las mujeres en especial aquellas que ya partieron y siempre las recordaremos, nunca las olvidaremos, solo te pido querida hermana que, tenemos que protegernos, este escrito también es para mi madre, que a mis hermanas y a mí siempre nos enseñó cómo defendernos nunca dejó de inspirarnos con palabras de aliento. No se preocupen hijas mías también lo superaremos, Dios bendiga en esta tierra a todas las mujeres bellas, gracias Dios porque mi madre es una de ellas, esencia de mujer es una frase maravillosa que engalana a la mujer.

Reyna G. Casarez

Reyna Guzman Casarez, originaria de Apan, Hidalgo, México. Siendo la hija menor de una familia de ocho hermanos, e hija de madre soltera la Sra. Rosa María Casares Márquez.

Tuvo una niñez sencilla, pero llena de ejemplo de fortaleza, valores espirituales y culturales; desde muy corta edad demostró su interés de aprendizaje, compañerismo, un gran espíritu de lucha por la justicia social y comunitaria, siendo la educación y el conocimiento su mejor aliado, de este modo hasta la edad de 23 años logró integrarse y ayudar en la alfabetización de adultos, concluyó sus estudios como Auxiliar Contable, operador de microcomputadoras, secretariado empresarial. Además de colaborar en Centros de Salud donde adquirió conocimientos generales de Salud Pública.

Esta Apaneca es madre de una bella hija de 9 años y su principal objetivo ha sido participar e involucrarse en todo lo que sea posible para ayudar y hacer crecer su comunidad mexicana - latina, preparándose como líder comunitaria, recientemente concluyó el segundo año tomando cursos y clases en el programa "CRISOL" sustentado por la Universidad de Drexel.

Además asistiendo a eventos multiculturales, participando en grupos de desarrollo social, se ha ganado la confianza y se le concedió el honor de diseñar un pequeño mural que representa a la organización de National Domestic Workers Alliance en Philadelphia y en colaboración con Kim Dinh también diseñó el logotipo de "El Comité de Madres Inmigrantes del Sur de Philadelphia" apoyado por las organizaciones 215 People's Alliance y CRSHphilly.

Como Voluntaria está sumamente comprometida en diferentes proyectos entre los cuales destaca "PHILIBROS" en el cual el objetivo fundamental es promover la lectura y el idioma español, está a cargo de la producción y locución del programa "Talento y Comunidad" el cual se transmite a través de la radio local PHILATINOS RADIO.

Pretende llevar el mensaje de motivación, educación, cultura, arte y promoción en sus diferentes expresiones para la comunidad inmigrante de habla hispana, asiste de modelo junto con su hija para ayudar y promover productos de los pequeños empresarios de su área. Voluntaria incesante en actividades parroquiales, grupos de soporte y eslabón de muchos otros proyectos que se han y se están realizando con éxito, fue invitada a colaborar en el diseño de algunos elementos de utilería de la obra de teatro "Odipus El Rey" de la directora teatral Tanaquil Marquez, puesta que se estrenó el mes de Octubre del 2021.

Voluntaria para participar en el concurso de ofrendas de día de muertos en el museo de PENN junto con Edgar Ramirez fundador de Philatinos Radio, el concurso de la Organización Concilio, con el apoyo de 2 familias de la comunidad y algunas integrantes de la Organización MORIVIVI (grupo de apoyo y de soporte para sobreviviente de cáncer) y su Directora, la Señora Marla Vega.

Cabe mencionar una invitación especial para modelar junto con sus hija Ellie Nicolle Ramos Guzman trajes Artesanales alusivos de la Catrina de la diseñadora Julieta Zavala, Coronas de Dayeslaixtli, Maquillaje artístico Ericka Hernández y Lety Pineda, en el recinto de Fleisher de Philadelphia.

Entre otros proyectos, invitaciones y colaboraciones en puerta todo siempre en servicio y apoyo para la comunidad migrante dentro y fuera de Philadelphia.

"MI MAYOR MOTIVACIÓN ES EL APRENDIZAJE PARA PODER COMPARTIRLO Y QUE SE ABRAN NUEVOS CAMINOS PARA LOS QUE ME RODEAN,

EL SERVICIO A DIOS Y A MI PRÓJIMO, VER FELIZ Y ORGULLOSA A MI MADRE, MI HIJA Y FAMILIA; SER BUEN EJEMPLO Y DIGNA REPRESENTANTE DE MI COMUNIDAD MEXICANA - LATINA"

DESENREDAR
Por: Reyna Guzman Casarez

Fue una bendición más que una sorpresa, ahora no me sorprendo, agradezco, olvido y debo agradecer TANTO, pero, el tiempo avanza y no puedo retroceder, un día siempre es diferente al otro, aunque sigamos un patrón, un orden o un desorden de actividades y emociones, lo sé tal vez ya te enrede pero ahora mismo lo desenredo y si me vuelve a pasar discúlpame; sabes estoy emocionada, feliz, triste, motivada, hoy en particular muy sensible.

Demasiado INSPIRADA!!!! Aún no comienzo y ya me quité los anteojos, mis lágrimas los han empañado, ¡eso no es MALO! No, no, no, aprendí que llorar cuando tengo una emoción me libera y me ayuda a evitar tomar alguna pastilla para el dolor, puedes llorar antes o después de entrar en un recuerdo, en una oración, pero eso depende y solo tú lo sabrás porque vibras, sientes y te mueves al ritmo de un cóctel de emociones y hormonas que hacen que nuestro hermoso templo, es decir nuestro cuerpo reciba de formas amorfas cada señal, síntoma, alerta y prueba de manera única.

Desenredemos, ya estoy lista, las lágrimas han cesado por ahora, te explico que ya después de treinta y pico de años de edad estoy entendiendo y aceptando que viví y vivo rodeada de Bendiciones, ¡CARAY! lo sabía y lo sentía desde siempre.

En este momento estoy respondiendo a esa bendición, a ti, si a ti, que estás leyendo esto. Pues bien, entre los destinos y vueltas que el tren de la vida lleva y trae, está bien si lo llamas suerte, destino, universo, todo dependerá del cristal con el que me mire.

Y entonces llegó a mí camino alguien que en tan poco tiempo de conocerme no solo me regala un poco de su esencia, también en la dulzura de sus palabras me ha mostrado el AMOR que le tiene a la Vida siempre en uno y mil proyectos, le coquetea a la vida y lo más hermoso comparte su éxito y te destapa tus cualidades y así de ese modo le habló de mí a la Directora de este bello proyecto la cuál en una simple llamada le bastó para invitarme a escribirte estas líneas. AGRADEZCO que existan estos encuentros y mucho, ahí se vuelve a encender la llama de seguir creyendo y aumentando la FE.

Ya están fluyendo las palabras como una corriente eléctrica, una lluvia incesante y quisiera poder escribir sólo con el pensamiento, porque son tantas cosas que quiero compartir y este teclado y mis dedos entumecidos de la emoción me hacen hacerlo un poquito más lento.

Sigamos desenredando y lo primero que agradezco es a DIOS por poner personas que me ayudan a entender mejor la misericordia y la empatía que debemos tener con nuestro prójimo, la solidaridad y lo más importante compartir el pan y cuando te digo el PAN voy más allá de la cuestión del comer, sabes tú también puedes compartir el pan... ¿Cómo?, comparte tu lealtad, tu sinceridad, tu congruencia, tus valores, muéstrate cuál eres sin intentar agradar para tener un lugar, sé justo, respetuoso y sin mayor ni menor importancia, pero muy valioso, comparte y disfruta tu éxito de ser y existir no dejes de brillar, ser luz indefinidamente, disfrutar el triunfo de los demás sin dejar de desear el bien, que por ley de gravedad todos lo que sube baja, en este andar es volver a encontrarnos con ganas de seguir creciendo y avanzando juntos y si no nos volvemos a encontrar sabrás que en algún lugar alguien en sus oraciones te tendrá.

Y así poco a poquito estás leyendo y sintiendo mi esencia en cada palabra, es tan extenso, pero tan hermoso ir desenredando de adentro hacia afuera, no te lo voy a negar también es doloroso, pero mi percepción sobre guardar, no dejar ir, no soltar es más flagelante, abrumador, enfermizo, sí te enfermas tú mismo con el pensamiento, te encierras en un círculo vicioso, te apestas, sí te apestas en vida, te imaginas ponerte una ropa de hace años que tuviste guardada en el closet o en un baúl con olor a humedad e ir al supermercado, a una fiesta, a tu trabajo, escuela, con tus hijos al parque, pues creo que eso no pinta muy ni huele bien ¿verdad?.

Es por eso que la mejor forma de poder darte y compartirme contigo es siendo yo misma sin pretender una baja o alta calificación, APROBACIÓN.

También quiero que sepas que no hay un detrás de esto, es tal cual lo estás leyendo y sintiendo a través de la magia de la razón y la lectura, sí así juntos todos no sólo alimentamos el alma, espíritu y corazón también ejercitamos el cerebro ¡Bingo!

Desenredamos pues, de afuera hacia adentro primero, tal vez ya viste alguna fotografía mía o nos conocimos de alguna forma pero cualquiera que sea el caso te digo que soy bajita, si al parecer 1.52 cm, no, no soy 90 - 60 - 90, soy una mestiza blanca y eso me lo heredé de mi padre a excepción que él es o fue de color moreno y créeme que por una extraña razón yo siempre denote que mi papá es feo, pero me parezco a él bendita herencia.

Agradezco a los que me dicen guapa, que contraste ¡no lo crees!, según el zodiaco soy tauro, así que agárrate, esta mujer es tierra y lucha, lo pongo sólo porque esto siempre es parte de una buena conversación de amistad o de un futuro romance, claro lo mejor para una buena amistad o un buen romance es empezar siendo claros, tenemos defectos y virtudes y por ello merecemos ser respetados, aceptados, con el mismo ímpetu así que ¡mucho gusto!

Me describo con el único objetivo de que sepas que estoy contigo, de hecho ahora mismo estoy tomando mi café súper caliente con poquita crema y sin azúcar, acompañado de un pancito, acompáñame con lo que más te guste, ponte cómodo.

Ya a estas alturas de mi vida me siento muy orgullosa de mi pelo largo y sin tratamientos químicos ¿Se terminó esa búsqueda y emoción de disfrazar la cabellera? No tanto así, pero ya mis primeros por no decir bastantes hilos de plata me dan una lección de lo hermosa y bendecida que ha sido la vida conmigo.

No todo el tiempo mi empaque fue como ahora, en estos bendecidos 37 años de vida, me he desenredado como clase de figuras geométricas, he sentido los estragos, frustraciones y vergüenzas de batallar con ciertas características físicas, antes culpaba internamente a mis progenitores, luego a los medios de comunicación, en fin ya sabes la rebeldía y el pasar de cada año de vida, amistades, estereotipos, sociedad, modas y mercadotecnia que juega con nuestra inmadura capacidad de discernir.

A medida que vamos madurando siempre hay una trampa para cada etapa de la vida y me entiendes a la perfección, sí, claro que sí, eres jovencita y soltera con tanta energía que todo lo puedes, te conviertes en madre o padre y cambian las inversiones de todo a todo entre otras cosas más.

En fin, ser transparente contigo resulta la mejor forma de aprendizaje y un día más de sanación emocional y espiritual para mí y lo comparto no pretendo que me digas o me cuentes qué te ha pasado lo mismo, me entiendas o me juzgues, mi única intención hasta esta línea es darte las gracias por ser esa bendición, esa persona que a través de leer estas líneas se vuelve un eslabón más en mi vida, no me avergüenza decírtelo por el contrario me das el valor y la tranquilidad de TRASCENDER en vida, sabes ahora más que nunca amó la vida.

Si esa vida que me tiene como en una montaña rusa, llena de un sinfín de emociones, una vida que en cada parada de mí andar me ha mostrado y hecho caminar por calor, frío, empedrado, plano y no se diga de las estaciones primaveras, veranos, otoños e inviernos cada cual con un desenlace diferido y digerido, sabes nada ha sido fácil, ahora que no puedo y no quiero dejar de escribir.

Te voy a decir algo que, sólo se plática en momentos de reflexión, dolor, angustia pero también en momentos de crecimiento y superación; desde muy niña me preguntaba ¿cómo se es feliz en plenitud? ¿Era cuestión de dinero? ¿Del lugar donde se vive y crece?, desde ahí partí cerrando los ojos.

Hay recuerdos gratos que me llenan más que los recuerdos dolorosos, sí esos recuerdos dolorosos causantes de mis carencias emocionales y varias malas decisiones de juventud, te dije es doloroso, pero ya vamos con cuentagotas escarbando internamente; sigamos y desenredemos. El propósito más allá de sentir empatía o compasión por uno mismo es no pretender ser ejemplo de vida para nadie, porque nadie escarmienta en cabeza ajena, pero sé que en el fondo de nuestros corazones habrá algo o alguien que nos conecté a avanzar en vida, sí en VIDA ¡por favor!, une con otra el tiempo que dure, porque siempre viene algo más y así aprendemos a valorar y sobre todo a DISFRUTAR, que bien se siente haberse disfrutado cada momento, esa es la FELICIDAD.

Esa voz me agrada, vamos avanzando; esto es solo el principio y haré una pausa no por falta de ganas, sino porque ésta es sólo la introducción de un Escrito pensado en el momento justo y preciso para ti.

Llegar a este punto y decirte que Reyna Guzmán Casarez se ha tropezado, caído, levantado, amado, llorado, y superado, ha valido la pena para poder llegar a ti y tú a mí, nos falta mucho por recorrer juntos.

Quiero llevarte conmigo, es una propuesta indecorosa de emociones, experiencias duras y hermosas, que sé que compartes conmigo, es un paseo, la Odisea ya no figura, la aventura apenas ha comenzado.

Rebeca Esther Deoses López

Nacida en Chihuahua, México el 26 de junio de 1972. Desde muy joven (16 años) se desempeñó como administrativo en una Dependencia Federal, lo cual hacía complemento con sus estudios de bachillerato. A sus 20 años contrajo matrimonio con Jorge Rivera unión en la cual procrearon dos hijas.

En el año 2000 emigró por primera vez a los Estados Unidos siendo Atlanta Ga. el lugar elegido para radicar durante diez meses, luego regresa a Chihuahua para instalarse en su Dependencia de trabajo, lugar donde tuvo la oportunidad de mostrar su gran liderazgo en un movimiento laboral que hizo historia en el 2002.

Para el 2005 emigró definitivamente a la ciudad de Denver Co. hasta donde actualmente radica, Rebeca es una mujer que invierte tiempo en seguir aprendiendo y desarrollando sus habilidades y capacidades. En el 2011 obtuvo su certificado equivalente a preparatoria de ahí siguió una certificación como maestra de grupo en el colegio comunitario de Denver Co. Logro que le diera la oportunidad de trabajar con los más pequeños de nuestra sociedad y de poner su propio cuidado de niños en casa.

Su pasión por el crecimiento y superación personal propia y de los demás la llevó a certificarse como entrenadora personal en una Academia en Miami FL. De ahí han seguido cantidad de entrenamientos entre los que destaca un entrenamiento de líder comunitario ofrecido por FLTI en la ciudad de Aurora Co.

Dándole aún más herramientas para seguir liderando. En 2020 inicia su propio negocio de comida en equipo con su esposo, además que culmina un diplomado en inteligencia emocional y para el 2021 obtiene un nuevo diplomado en Mindfulness y nutrición vegana. Todo esto como parte de su cuidado personal y más información para el libro que publicará en el 2022 que será titulado "Aprendiendo a sanar mi cuerpo"

También otra de sus autorías que saldrán publicadas este próximo año, donde nos habla del gran impacto del coaching para minimizar violencia hacia la mujer.

Rebeca ama y agradece la vida aún con sus desaciertos, agradece cada experiencia vivida ya que todo le ha ayudado a ser la gran mujer que es ahora.

Convertirse en la mejor versión de mí misma, es un trabajo integral y diario

Por: Rebeca Esther Deoses

He recorrido un largo camino lleno de aciertos y desaciertos los cuales han sido indispensables para convertirme en la mujer que ahora soy.

Yo no creo en las casualidades, yo creo que toda vivencia que nos acontece viene con un mensaje y un propósito bueno para nuestra vida, nuestra tarea es ¡descubrirlo!

Los momentos de felicidad nos enseñan a valorar, disfrutar y agradecer el presente y quien está en nuestro presente. Las adversidades igualmente son para valorar y muy importantes ya que vienen a sacar lo mejor de nosotros, nos retan a superar obstáculos tanto internos como externos, nos brindan la oportunidad de transformar nuestras debilidades, desarrollar y potenciar nuestras fortalezas para hacerlas brillar.

Con ambos lados aprendemos, cambiamos y crecemos, nos auto transformamos, hay quienes niegan esta ideología, se victimizan y prefieren encontrar culpables externos o incluso lo ven como un castigo divino, tienden a cuestionarse con la pregunta ¿por qué? o ¿por qué a mí? Creo que aquí influyen mucho nuestras creencias a nivel cultural, familiar y personal, siendo ese otro factor que necesitamos transformar; cuestión de análisis y reflexión.

En mi experiencia ha sido base o clave la actitud con la que he viajado por la vida, he afrontado los retos con optimismo, aceptación, responsabilidad y disposición para encontrar soluciones, como decía el filósofo griego Epicteto "lo importante no es lo que te sucede, sino cómo reaccionas ante ello" lejos de quejarme y hacer el papel de víctima he tomado el papel protagónico y he escrito mi propia historia.

Desde niña yo soñé que iba a llegar muy lejos, no sabía cómo solo se me ocurrió que siendo una gran actriz y gimnasta olímpica, pero más que ser famosa yo quería dejar algo grande para el mundo ¡un legado! ¡Así de pequeña era y así era grande mi deseo! Me encantaba ser líder en mi salón de clases o vecindario.

Participaba en cada evento que se realizaba en las escuelas. ¡Tenía mis seguidores! Formé parte de la escolta, algo de lo cual me sentí muy orgullosa es que siempre recibí honores y becas, incluso uno de ellos fue de parte del gobernador del estado donde yo vivía.

Pasó el tiempo y yo seguí con ese deseo muy arraigado en mi mente y corazón, siempre en secreto me repetía una y otra vez "Yo sé que voy a llegar muy lejos" y así como mi corazón vibraba en aquellos momentos vibra ahora que lo sigo afirmando. Obviamente es indudable que toda mujer dentro de nuestro núcleo familiar ya somos líderes que guiamos, planificamos, creamos, implementamos, supervisamos y más, a todo un equipo. Desarrollamos una gran cantidad de cualidades y capacidades en todo momento, eso es digno de admirar y agradecer.

Mi liderazgo brillo una vez más en el 2002 ya que junto a otros compañeros de la dependencia donde yo laboraba iniciamos un movimiento a nivel estatal en pro del respeto a los derechos de los trabajadores a través de marchas, reuniones, levantamiento de firmas y más, el cual triunfó gracias al compromiso, valentía, persistencia y sobre todo amor a nuestros ideales.

Recuerdo que mis compañeros me decían "¡chiquita pero picosa!" porque siempre firme y enfocada ante lo que fue nuestro propósito, grandes momentos de satisfacción al ver el júbilo de los trabajadores cuando se obtuvo la victoria. ¡Hicimos historia!

Hay una frase que me gusta mucho y dice así "No temeré a los cambios de la vida; la vida está llena de cambios unos me gustaron y otros no, pero sea como sea yo los afrontaré y a ellos me adaptaré"

Un suceso que marcó mi vida y la de mi familia fue cuando emigramos en el 2005 a Denver Co. aunque en un principio fue un cambio muy drástico para todos yo me propuse que iba aprovechar al mil por ciento el país de las oportunidades. Mi sueño seguía latente afirmando que aún en un país con un idioma distinto al mío y un estatus migratorio ilegal yo lograría algo grande donde pusiera en alto el nombre de mi México querido y sobre todo de la mujer latina.

"Las barreras son mentales yo decido, Dios por delante hasta donde he de llegar" De principio mi meta fue encontrar la manera de mantener una buena estabilidad económica y tiempo para mi familia, así que eche a volar la imaginación y en acuerdo con mi esposo me propuse a iniciar un negocio de venta de ropa, comprar en Denver Co y vender en Chihuahua (eran enormes cantidades de ropa lo cual me permitió dar trabajo a cuatro personas que laboran conmigo) Oh Dios mío un súper negocio que me permitió incrementar mis finanzas grandemente y tener tiempo para mi familia.

Además desarrollé mis cualidades como emprendedora y me dio la oportunidad de conocer mucha gente. Todo iba muy bien hasta que un accidente casi mortal de mi hija, fue el mayor mérito para darlo por terminado.

Agradecí todo lo bueno que obtuve de ahí y como dicen ¡Next! Me tocó adaptarme a una nueva realidad y encontrar opciones para seguir siempre hacia adelante. Una triste etapa que nos tocó vivir como familia a raíz de ese accidente la cual se alargó por ocho años, seguí con fe, esperanza, paciencia y mucho amor para salir avante de esa adversidad. Obtuve mi diploma equivalente a bachillerato, tomé clases en el Colegio comunitario de Denver para certificarme como maestra de grupo y poder trabajar con los más pequeños de nuestra sociedad, puse mi propio "cuidado de niños" en casa, del cual aprendí y disfruté como niña. Nada me limitó a seguir cumpliendo metas, si algo tengo es que no soy nada conformista, siempre ando buscando ir un paso hacia adelante.

Desde joven me había interesado el desarrollo personal así que opté por certificarme como entrenador personal en el 2017, siendo esto de las mejores decisiones y acciones que he llevado a cabo ya que este proceso fue mágico para mí persona y mi vida, tras certificarme como life coach y ver el impacto tan positivo que tuvo el proceso de coaching en mi autotransformación, establecí tres metas para cumplirlas a cinco años.

1. Fundar una organización que apoyara el empoderamiento de la mujer
2. Ser conferencista internacional
3. Escribir un libro que hablara del coaching como una gran alternativa en la violencia hacia la mujer.

Pensé en compartir las herramientas que a mí me sirvieron con otras mujeres, si yo puedo, ¡tú también puedes!

Me apasionaba pensar cómo podría ayudar a las mujeres más vulnerables a erradicar miedos y creencias limitantes, a establecer límites y metas. Mujeres que quizás querían emprender un negocio y no sabían cómo hacerlo, mujeres que quizá aún ya emprendedoras y con negocio quisieran mejorar su vida, en fin una lluvia de ideas vinieron a mí.

Diciembre del 2018 nace Female Empowerment Organization, gracias a Dios, a mi persistencia y a la gente que creyó en mi propósito.

Organización en la cual hoy por hoy seguimos cumpliendo nuestra misión de empoderar a la mujer desde su ser, obviamente en el presente hemos añadido más procesos de transformación los cuales están resultando de mucho beneficio para cada una de ellas.

Mi segunda meta como conferencista internacional se ha cumplido dentro y fuera de la organización ofreciendo distintas conferencias, aún con los miedos que se convierten en nervios cuando hablo en público lo hago con mucho amor porque me encanta llevar ese mensaje a las personas.

Y la tercera meta es escribir un libro; aventura que comienza precisamente con la invitación de corazón valiente para formar parte de esta bella antología de mujeres visionarias donde participo al lado de veinticuatro extraordinarias mujeres y del cual me siento muy agradecida por haberme elegido como tal.

Además esto no para aquí ya que en el 2022 estoy próxima a publicar dos de mis primeras autorías las cuales trabaje desde el 2017 hasta la fecha (los primeros de muchos "primero Dios").

Los grandes cambios vienen con una fuerte sacudida, de pronto piensas que es el fin del mundo y resulta que es el inicio de uno nuevo.

En el 2019 fui diagnosticada con cáncer de seno y aunque de pronto sentí que mi vida se desplomaba puedo asegurar que ha sido el punto de inflexión más grande en mi vida, literal mi vida tomó un rumbo totalmente distinto y agradezco todo lo aprendido y sobre todo lo que logré primeramente a Dios.

Una nueva y dolorosa realidad estaba presente en la cual tenía dos opciones: aceptarla y tomar responsabilidad o quejarme y rendirme. Recuerdo muy bien que llore mucho unas cuantas horas al recibir ese posible diagnóstico, sin embargo, ese mismo día sin titubear comencé a actuar, lo primero que dije fue "Dios aquí estoy vulnerable y tomando responsabilidad sobre lo que a mí me toca, pues quiero vivir y te voy ayudar a lograr ese milagro si tú me lo permites"

Aunque hubo momentos muy estresantes de ira, dolor, culpa, tristeza, vergüenza y un poco de desesperanza fue una etapa y experiencia que me empujó a sacar lo mejor de mí, donde brilló por lo alto mi poder interior, descubrí tantas maravillas que los seres humanos poseemos, tantas maravillas que la naturaleza nos brinda, tantas maravillas que Dios nos ha dotado, en lo personal a los seres humanos que encantada de la vida utilicé, puse en práctica y como tal el universo Dios me escuchó, vio mi esfuerzo, dedicación y persistencia que solo dijo "sí adelante a una nueva vida, te has ganado una segunda oportunidad"

Comparto esto con ustedes ya que en el presente renació una mujer que dice sí a la vida, sí al amor, sí a la salud, sí a la abundancia y prosperidad.

Mi mensaje con esta experiencia nuevamente es "¡si yo pude tú también puedes!" toda una historia que relato en mi libro "Aprendiendo a sanar mi cuerpo" el cual estará listo este próximo año, primero Dios.

Creo que toda mujer si volteamos hacia atrás nos damos cuenta de esa magnificencia que existe dentro de nosotros, la cual nos ha guiado y llevado hasta el punto donde hoy nos encontramos.

Todas y cada una en todo el universo hemos superado obstáculos y retos, hemos logrado metas y lo seguiremos haciendo si somos conscientes de nuestra grandeza.

Amiga mujer sueña en grande, cree en grande y actúa en grande.

María R. Álvarez

De origen Mexicano, emigró a Estados Unidos muy joven, sin conocer el país ni hablar el idioma, fue algo totalmente desconocido para ella, ya que nunca había salido de su pueblo, María es madre soltera que se ha esforzado día a día para sacar adelante a sus hijos, pero a la misma vez no ha descuidado sus metas, proyectos y anhelos trabajando así junto con sus hijos. A María también le gusta aportar sus experiencias para apoyar a su comunidad, es una mujer que aprovecha todas las oportunidades que se le presentan para su propio desarrollo personal, ahora es voluntaria en un grupo de apoyo para sobrevivientes de violencia doméstica "Alas Con Valor" su satisfacción más grande es apoyar a esas mujeres, ya que en algún momento de su vida un grupo como ese fue la puerta para salir de una situación similar.

Gracias a eso volvió a encontrarse a ella misma nuevamente, es una mujer que cada caída se ha fortalecido para levantarse cada vez más fuerte y con grandes aprendizajes. Ella es hija, hermana, madre y amiga.

Soy Mujer

Por: María R Álvarez

Soy mujer porque soy sensible,
Soy mujer porque soy delicada,
Soy mujer porque soy fuerte,
Soy mujer porque soy valiente.

Soy mujer porque soy,
Hija, hermana, madre y amiga.
Soy mujer porque soy poderosa, y como mujer,
Me respeto, me amo, me acepto como soy,
Porque soy yo misma.

Sé amar y también merezco ser amada,
Sé llorar, pero también sé reír,
Sé hablar, pero también sé escuchar,
Sé ganar, pero también sé perder.

Me gusta recordar los buenos momentos,
Pero también sé olvidar los malos recuerdos,
Me han cortado las alas, pero
He aprendido a volar de nuevo.

Y todo esto porque soy mujer,
Soy mujer porque así lo quiso Dios,

No hay errores, sólo experiencias.

Nunca prestó atención en lo que ya está hecho más bien fijo mi mirada en lo que queda por hacer, porque prefiero cometer errores haciendo lo que verdaderamente me gusta, que obtener éxito haciendo algo que no me hace feliz, los errores como los problemas forman parte de mi vida y no siempre obtendré lo que deseo, pero aun cuando no siempre se gane siempre me quedaré con la satisfacción de lo vivido y lo más importante Dios nunca se equivoca y recuerda nunca se fracasa si no se obtiene experiencia.

"Nunca te rindas"

Agradecimientos muy especiales a los patrocinadores de

#JEL

Mujeres Visionarias

GRACIAS

Patrocinador de la
Coautora Janneth Hernández

CO-OP ED
CENTER

Patrocinador
Antología
Mujeres Visionarias

Patrocinador de la Coautora Rebeca Deoses

Nuestra misión
es promover la educación
para lograr cambios mentales, sociales, económicos,
culturales, políticos, economicos,
y sobre todo espirituales entre las mujeres de todas
las culturas y etnias del mundo. Buscar el bienestar
de las mujeres desde su Ser para lograr igualdad
y equidad a traves del empoderamiento femenino,
la diversidad, la participacion activa y el liderazgo.

Denver, CO

Nuestra vision
Lograr que toda mujer reconozca sus
capacidades, desarolle sus habilidades, y
logre adquirir su despertar de conciencia
para el bienestar de la humanidad. Aprenda
sus derechos como tal, se valore, y respete
Participe activamente en la vida social,
politica, economica, y espiritual.

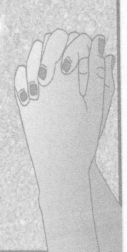

- Igualdad
- Equidad
- Libertad
- Sororidad
- Interculturalidad
- Diversidad
- Liderazgo
- Coherencia

Patrocinador de la Coautora Rebeca Deoses

Patrocinador de la Coautora Rebeca Deoses

Patrocinador de la Coautora Rebeca Deoses

Patrocinadores de la
Coautora Karina Hernández

Patrocinadora
de la
Coautora
Karina
Hernández

Patrocinador de la
Coautora Antonia Hernández

Patrocinador
Antología
Mujeres Visionarias

Patrocinadores de la Coautora Antonia Hernández

ROGERS PARK NUTRITION SPOT

ABIERTO DESDE
6AM A 2PM

6PM A 8PM

SMOOTHIES · BOWLS · WAFFLES ·
CREPES · DONUTS · CAFÉ FRÍO/CALIENTE
BEBIDAS ENERGÉTICAS Y REFRESCANTES

773 4129875
7411 N Clark
Chicago I11 60626
rogerspark.nutritionspot

CUPÓN DE
$2 DE
DESCUENTO
POR PRIMERA VEZ

Patrocinador de la Coautora Antonia Hernández

RADIO LA ATREVIDA DE CHICAGO

MAGDA DOMINGUEZ
TONY XIOMARA
WENDY CRUZ

JUEVES : ESCUCHANDO A TU CORAZON
VIERNES: ENTRE AMIGAS
SABADO: NOCHE DE BOHEMIA Y ROMANCE
DOMINGO: CUENTAME TU HISTORIA

SIGUENOS EN
@LA ATREVIDA DE CHICAGO
Www.laatrevidadechicago.com

Patrocinadores Antología Mujeres Visionarias

Patrocinador de la
Coautora Antonia Hernández

Patrocinador
Antología
Mujeres Visionarias

Patrocinador de la
Coautora
María Magdalena Domínguez

**Patrocinador
Antología
Mujeres Visionarias**

Patrocinador de la
Coautora
María Magdalena Domínguez

Patrocinador
Antología
Mujeres Visionarias

Patrocinador de la Coautora Sonia Sorino

Sonia Soriano
Estilista & Maquilladora

CONTACTO: 773.280.3770

Patrocinador
Antología
Mujeres Visionarias

Patrocinador de la Coautora Carmen Salazar

"KHALO'S ART IN EMBROIDERY"

Dulce Karla
3032 S. Albany
Chicago, IL 60623

(773) 367-2636

Lun - Vie 9am-5pm
khalosartinembroidery@gmail.com

SERVICIO DE BORDADO AL MAYOREO!!

•Gorras•Playeras•Sudaderas•Camisas
•Chamarras•Mandiles•ETC

Puede recoger en locación ó contamos
con envío.

Contáctanos para una cotización!

Patrocinador
Antología
Mujeres Visionarias

Patrocinador de la Coautora
Reyna G. Casarez

Patrocinador
Antología
Mujeres Visionarias

Patrocinador de la
Coautora
Yadira Díaz

Patrocinador
Antología
Mujeres Visionarias

Patrocinadores de la Coautora Yadira Díaz

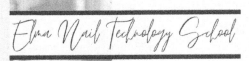

Patrocinador de la Coautora Yadira Díaz

Patrocinadores Antología Mujeres Visionarias

Patrocinadores de la Coautora Yadira Díaz

Patrocinadores de la Coautora Yadira Díaz

Patrocinadores Antología Mujeres Visionarias

Patrocinador de la Coautora Yadira Díaz

Patrocinador de la Coautora Yadira Díaz

Patrocinadora de la Coautora Sandra Martínez

¿Listos para cumplir tu sueño de comprar tu casa o vender?
Contactarme.

(773) 716-4256

Patrocinadora
Antología
Mujeres Visionarias

Corazón de Valor y Fortaleza - 183

Patrocinador de la Coautora Sandra Martínez

Patrocinador
Antología
Mujeres Visionarias

Patrocinador de la Coautora Ceili Tapia

Patrocinador de la
Coautora
Ceili Tapia

Jóvenes Escritores Latinos
#JEL
Creando activistas a través de las letras
info@editorialjel.org

Patrocinador
Antología
Mujeres Visionarias

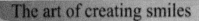

Patrocinador de la Coautora
Isabel Fernández

Patrocinador
Antología
Mujeres Visionarias

Patrocinador de la Coautora Isabel Fernández

Patrocinador de la Coautora Adriana Peña

Patrocinador de las Coautoras
Miriam Burbano
Janneth Hernández

Jóvenes Escritores Latinos
#JEL
Creando activistas a través de las letras
info@editorialjel.org

**Patrocinador
Antología
Mujeres Visionarias**

Patrocinador de la Coautora
Yulissa Argueta

Patrocinador
Antología
Mujeres Visionarias

Made in the USA
Monee, IL
16 November 2021